Historia de Europa

1000 datos interesantes de la historia de Europa

© **Copyright 2024**

Todos los derechos reservados. Ninguna parte de este libro puede ser reproducida de ninguna forma sin el permiso escrito del autor. Los revisores pueden citar breves pasajes en las reseñas.

Descargo de responsabilidad: Ninguna parte de esta publicación puede ser reproducida o transmitida de ninguna forma o por ningún medio, mecánico o electrónico, incluyendo fotocopias o grabaciones, o por ningún sistema de almacenamiento y recuperación de información, o transmitida por correo electrónico sin permiso escrito del editor.

Si bien se ha hecho todo lo posible por verificar la información proporcionada en esta publicación, ni el autor ni el editor asumen responsabilidad alguna por los errores, omisiones o interpretaciones contrarias al tema aquí tratado.

Este libro es solo para fines de entretenimiento. Las opiniones expresadas son únicamente las del autor y no deben tomarse como instrucciones u órdenes de expertos. El lector es responsable de sus propias acciones.

La adhesión a todas las leyes y regulaciones aplicables, incluyendo las leyes internacionales, federales, estatales y locales que rigen la concesión de licencias profesionales, las prácticas comerciales, la publicidad y todos los demás aspectos de la realización de negocios en los EE. UU., Canadá, Reino Unido o cualquier otra jurisdicción es responsabilidad exclusiva del comprador o del lector.

Ni el autor ni el editor asumen responsabilidad alguna en nombre del comprador o lector de estos materiales. Cualquier desaire percibido de cualquier individuo u organización es puramente involuntario.

Índice de contenidos

Introducción 1

Paleolítico Superior (40.000-8.000 a. C.) 2

Periodo Mesolítico y Revolución Neolítica (8000-4500 a. C.) 4

Edad de Bronce (3500-1200 a. C.) 7

El auge de la civilización minoica (aprox. 3000-1100 a. C.) 9

Civilización micénica (1750-1050 a. C.) 11

La antigua Grecia (800-146 a. C.) 13

Las guerras greco-persas (499-449 a. C.) 15

Alejandro Magno y la Liga Helénica 18

La República romana (509-27 a. C.) 21

El Imperio romano (27 a. C.-476 d. C.) 24

El periodo migratorio (375-700 d. C.) 27

La Alta Edad Media (476-1000 d. C.) 29

El Imperio bizantino (330-1453 d. C.) 31

Invasiones vikingas (790- 1066 d. C.) 34

La Reconquista (722-1492 d. C.) 36

Carlomagno (aprox. 768-814 d. C.) 39

La Alta Edad Media en la Historia de Europa (1000-1350 d. C.) 42

El Renacimiento (siglos XIV-XVII) 45

La Reforma (siglo XVI) 48

La guerra de los Treinta Años (1618-1648) 51

La era de las exploraciones (siglos XV-XVII) 53

La Revolución Científica (siglo XVII) 56

El Siglo de las Luces (siglo XVIII) 59

La Revolución Industrial (siglos XVIII-XIX) 61

La Revolución francesa (1789-1799) 63

Las guerras napoleónicas (1803-1815) 66

La guerra de Crimea (1853-1856) 72

Las revoluciones de 1848 74

La unificación de Alemania 76

La unificación de Italia (1871) 79

La lucha por África y la Europa de Bismarck (1871-1914) 82

Las guerras de los Balcanes (1912-1913) 85

La Primera Guerra Mundial (1914-1918) 87

La Revolución rusa y la formación de la URSS (1917) 90

El periodo de entreguerras (1918-1939) 93
La Segunda Guerra Mundial (1939-1945) 96
La Guerra Fría (1945-1991) 99
La descolonización (1945-década de 1960) 101
La primavera de Praga (1968) 103
La caída del muro de Berlín (1989) 105
Las guerras yugoslavas (1991-2001) 107
La Unión Europea (1951-actualidad) 109
Conclusión 112
Mira otro libro de la serie 113
Fuentes y referencias adicionales 114

Introducción

La historia de Europa está llena de historias increíbles y acontecimientos complejos. Desde el Paleolítico Superior hasta la caída del muro de Berlín, cada época configuró el continente europeo de forma única. **Este libro ofrece una visión de esta vasta y variada historia explorando docenas de acontecimientos clave que han afectado a Europa a lo largo de su historia.**

El texto comienza con una mirada a la vida en **Eurasia occidental durante el Paleolítico Superior,** hace unos cuarenta mil años. **Se explora cómo se desarrolló la sociedad humana a lo largo de milenios** y cómo se introdujeron las prácticas agrícolas durante la Revolución Neolítica.

A continuación, se adentra en **la impresionante civilización minoica de la antigua Grecia,** a la que siguió **la civilización micénica.** Explore datos interesantes sobre **la República romana y las guerras greco persas.** Descubra más información sobre la **coronación de Carlomagno** en el año 800 y **las invasiones vikingas** que comenzaron en 790.

Conozca cómo se forjó la Europa actual a través de revoluciones y conflictos cruciales como **la Revolución francesa** y **las guerras napoleónicas.**

El libro concluye explorando algunos de los acontecimientos europeos más significativos de la historia moderna, como la Primera y la Segunda Guerra Mundial, la guerra fría y la guerra de Independencia griega, entre muchas otras.

Prepárese para viajar en el tiempo y descubrir la increíble **historia de Europa.**

Paleolítico Superior
(40.000-8.000 a. C.)

Descubra los secretos de la última parte de la Edad de Piedra en esta sección. Conozca veinte **hechos intrigantes sobre cómo vivía la gente durante este periodo**. ¿Usaban el fuego? ¿Creían en dioses? ¿Dejaban algún tipo de registro? ¡Descubra las respuestas a estas preguntas!

1. **El Paleolítico Superior fue la última parte de la Edad de Piedra.** Comenzó hace unos cuarenta mil años en Europa.

2. **Durante este período, las personas vivían en sociedades de cazadores-recolectores y fabricaban herramientas de piedra,** que utilizaban para cazar animales como mamuts, bisontes y ciervos.

3. **Los seres humanos comenzaron a utilizar el fuego durante este período para cocinar alimentos,** mantenerse calientes en climas fríos y tener luz por la noche.

4. **Comenzaron a crear arte pintando en las paredes de las cuevas** y tallando esculturas de hueso o marfil.

5. **Más de seiscientas pinturas murales adornan Lascaux, un complejo de cuevas en Francia.** Se discute la antigüedad de estas pinturas, pero la mayoría de los arqueólogos coinciden en que tienen alrededor de diecisiete mil años.

6. **Los arqueólogos han descubierto varios yacimientos de aldeas por toda Europa** que datan de entre el 18.500 y el 8.000 a. C.

7. En algunas zonas de **Europa, como Francia y España, existió una cultura llamada solutrense,** que duró desde alrededor del 22.000 al 17.500 a. C.

8. **La tecnología utilizada por los solutrenses incluía lanzas** con puntas afiladas hechas de huesos que lanzaban a grandes distancias.

9. **El nombre proviene de la región francesa de Solutré,** donde se encontraron los primeros restos de puntas de lanza con esa tecnología.

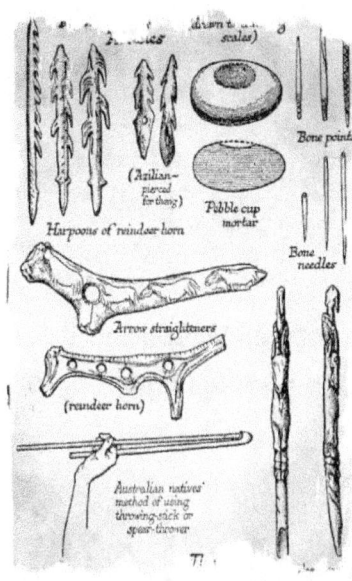

10. Otro grupo de tribus conocido como **los gravettianos floreció en Europa central entre el 28.000 y el 22.000 a. C.** Estos pueblos utilizaban caballos para cazar animales salvajes, como los renos.

11. **La cultura gravetiense es bien conocida por sus herramientas**, como las puntas gravette, que se utilizaban para cazar grandes animales.

12. **En algunas partes de Europa, empezaron a enterrar a los muertos en tumbas o fosas** con ofrendas como joyas y comida. Esto es señal de que habían desarrollado creencias espirituales.

13. **Las poblaciones de esta región comenzaron a comerciar con otras culturas durante este período.**

14. **Se produjo un aumento del tamaño de la población a medida que las personas viajaban** en busca de nuevos recursos.

15. **En el Paleolítico Superior se usaban prendas de piel y de cuero.** También usaban joyas hechas con huesos de animales o conchas.

16. **La cerámica no se popularizaría hasta mucho más tarde.** En esta época, la mayoría de los seres humanos preparaban la comida directamente al fuego.

17. **Aunque hay pruebas de que los humanos del Paleolítico Superior hablaban diferentes lenguas**, no está claro si estas lenguas estaban relacionadas con el grupo lingüístico indoeuropeo predominante, a partir del cual se desarrollaron las lenguas europeas posteriores.

18. **En lo que hoy es Rusia y Ucrania, se cultivaban cereales silvestres** como el centeno y el trigo, lo que permitía a los habitantes de esas regiones producir sus alimentos en lugar de depender por completo de la caza y la recolección.

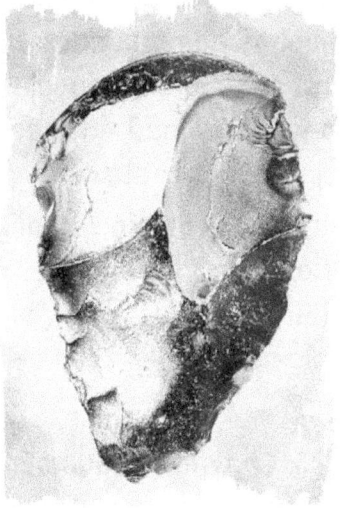

19. Hacia el final del **Paleolítico Superior** (alrededor del 12.000 a. C.), algunas partes de **Europa experimentaron temperaturas muy frías**, lo que limitó los recursos como plantas, animales y fuentes de agua.

20. **Los seres humanos se vieron obligados a adoptar un estilo de vida más sedentario.** La agricultura se hizo más común que la caza y la recolección. El momento en el que más se aceleró este proceso fue durante la Revolución Neolítica.

Periodo Mesolítico y Revolución Neolítica (8000-4500 a. C.)

Descubra **veinte datos interesantes sobre la vida cotidiana durante el Mesolítico y la Revolución Neolítica**. Entérese de cómo vivía la gente durante esta época, desde cómo eran sus hogares hasta lo que comían.

21. **Los arqueólogos lo llaman período Mesolítico, que significa Edad de Piedra «Media».** El Mesolítico está entre el Paleolítico (Antigua Edad de Piedra) y el Neolítico (Nueva Edad de Piedra).

22. Durante este período, **la gente construía sus casas con materiales como pieles de animales, cañas, ramas y arcilla** mezclada con agua para formar paredes que los protegieran del viento y la lluvia.

23. **La pesca era una importante fuente de proteínas para muchas comunidades europeas.** Algunas personas tenían embarcaciones especiales que les permitían pescar con mayor facilidad en masas de agua más extensas o más lejos de las costas.

24. **La Revolución Neolítica comenzó hace unos diez mil años,** cuando los seres humanos empezaron a cultivar y criar animales para alimentarse en lugar de depender únicamente de la caza y la recolección.

25. **En este periodo surgieron los primeros asentamientos permanentes en Europa,** así como prácticas agrícolas a gran escala, que condujeron a un aumento de la densidad de población en regiones como Gran Bretaña y el norte de Francia.

26. **La Revolución Neolítica trajo consigo diferentes avances tecnológicos**, como la aparición de las hachas pulidas en Europa. Estas herramientas podían utilizarse para cortar leña y talar árboles más rápido que nunca.

27. **A medida que aumentaba la población, también lo hacía el comercio**. Se intercambiaban bienes entre diferentes zonas y grupos que no tenían algunos bienes en sus territorios, normalmente metal y otras materias primas.

28. Hacia el 4500 a. C. (el final de esta era), **las sociedades se habían complejizado mucho**. Surgieron diferentes clases sociales debido al aumento de las riquezas derivadas del comercio o de las conquistas militares.

29. **En esta época se empezó a producir cerámica**. Las vasijas de cerámica servían para fines decorativos y prácticos en el hogar.

30. **La combinación de la agricultura y la ganadería dio lugar a excedentes de producción**, que debían almacenarse en los nuevos graneros para conservarlos durante mucho tiempo.

31. **La religión se convirtió en una parte importante de la vida.** Se cree que en esta época de la historia europea empezaron a celebrarse muchas ceremonias religiosas.

32. **El ganado vacuno era uno de los animales que se criaban en Europa en esta época**. Era una valiosa fuente de proteínas y las pieles también se utilizaban para varios fines.

33. **Las evidencias arqueológicas sugieren desarrollos en la práctica de la herboristería (el uso de plantas como medicina) durante este periodo**, aunque estas prácticas habían surgido miles de años antes.

34. **Se cree que la Revolución Neolítica se extendió a Europa desde Mesopotamia**, donde estos avances se produjeron un par de miles de años antes.

35. **Esto significó que destacados cultivos del sudoeste asiático también se introdujeron en Europa durante esta época, como la cebada y el trigo farro.**

36. La Revolución Neolítica vio el surgimiento de monumentos y altísimas estructuras de piedra llamadas megalitos, que se utilizaban para rituales, celebraciones o entierros.

37. Entre los megalitos neolíticos más conocidos de Europa se encuentran Stonehenge, en Inglaterra, y las Piedras de Carnac, en el noroeste de Francia.

38. La expresión artística floreció durante el Mesolítico. En toda Europa se crearon pinturas rupestres que representaban animales o escenas de la vida cotidiana mediante pigmentos naturales, como el ocre rojo.

39. La domesticación de ovejas y cabras por su lana y leche tuvo un gran impacto en el desarrollo de Europa durante esta época. Estos animales proporcionaban alimento y materiales con los que se fabricaba ropa, lo que era especialmente importante en climas fríos.

40. Se cree que las mujeres desempeñaban roles importantes en sus comunidades, ya que recogían alimentos, cuidaban de los niños, se ocupaban de las tareas domésticas e incluso participaban en ceremonias religiosas junto a los hombres.

Edad de Bronce
(3500-1200 a. C.)

La Edad de Bronce en Europa fue una época notable de innovación y crecimiento. Por primera vez se fabricaron herramientas y armas de bronce, lo que favoreció la movilidad y el comercio. En este capítulo, se exploran veinte datos interesantes sobre la Edad de Bronce, incluidos datos sobre los sistemas de escritura y la guerra.

41. **La Edad de Bronce fue una época en Europa en la que se fabricaban herramientas y armas de bronce, una aleación de cobre y estaño.**

42. **Las herramientas de bronce eran mucho más fuertes que las de piedra que se utilizaban antes.**

43. **Los sistemas de escritura más antiguos conocidos en Europa surgieron en el mar Egeo. Fueron la escritura jeroglífica lineal A, el sistema ciprino y el cretense, que se desarrollaron en Europa** durante la primera mitad del segundo milenio a. C.

44. **El sistema de escritura europeo más antiguo que se ha descifrado completamente es el lineal B**, que data aproximadamente del año 1400 a. C. durante la Edad de Bronce tardía en Grecia.

45. **La escritura lineal B fue descifrada en 1952 y consta de más de ochenta signos silábicos**, así como de más de cien ideogramas que denotan objetos en la escritura y no pueden pronunciarse fonéticamente.

46. **La fundición del bronce se extendió gradualmente por toda Eurasia occidental.** Algunas pruebas indican que pudo haberse desarrollado de forma independiente en distintos lugares de la región.

47. **A partir del 3500 a. C., el bronce se extendió gradualmente por toda Europa**, desde el sureste (las islas del Egeo, los Balcanes y el Cáucaso) hasta Europa occidental.

48. **La Edad de Bronce fue un periodo de grandes cambios sociales en Europa.** Surgieron nuevas formas de gobierno y se construyeron grandes ciudades, como Cnosos, en la isla de Creta.

49. **Los arqueólogos han encontrado pruebas de que algunas comunidades de la Edad de Bronce enterraban a sus muertos en tumbas llenas de objetos valiosos** como joyas o armas de bronce.

50. **En la Edad de Bronce se produjo una expansión de los intercambios y el comercio** debido a la mayor disponibilidad de herramientas y armas de metal.

51. **En toda Europa se han encontrado evidencias claras de guerras** en esta época, lo que sugiere que los conflictos eran habituales.

52. **Las espadas de bronce fueron utilizadas por los ejércitos europeos durante este período.**

53. **Las mujeres desempeñaban un papel importante en la sociedad.** Podían ser sacerdotisas o incluso gobernantes. Sin embargo, los hombres gobernaban con más frecuencia.

54. **El bronce se utilizaba para fabricar joyas y obras de arte como adornos y escudos decorados.**

55. **Se cree que las primeras civilizaciones europeas complejas surgieron durante la Edad de Bronce**, probablemente debido a avances tecnológicos y culturales que hicieron posible vivir en grandes comunidades.

56. **Inicialmente, estas civilizaciones se situaron en torno al mar Mediterráneo** debido a que había condiciones de vida más favorables y las civilizaciones de Egipto y Mesopotamia estaban cerca.

57. **A finales de esta era, el carro se estaba convirtiendo en una parte importante de la guerra y el transporte** debido a su velocidad en comparación con caminar o montar a caballo.

58. **La producción de cerámica experimentó un rápido crecimiento**, con vasijas cada vez más grandes y decoradas de forma más compleja.

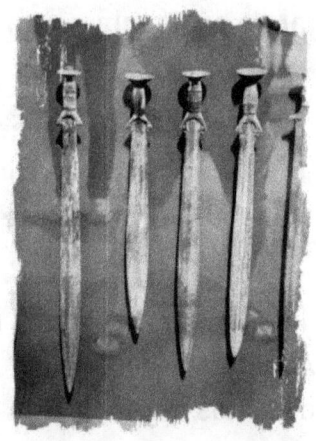

59. **El uso de herramientas de bronce permitió a los seres humanos desarrollar la minería, construir estructuras complejas y tener armas** mucho más eficientes que las anteriores.

60. **La Edad de Bronce terminó cuando el hierro sustituyó al bronce como metal preferido** para herramientas y armas, dando paso a una nueva era, conocida como la Edad de Hierro.

El auge de la civilización minoica
(aprox. 3000-1100 a. C.)

Este capítulo explora la increíble historia de la civilización minoica, una de las primeras grandes civilizaciones de Europa. Se analiza una impresionante variedad de datos sobre la cultura, las creencias y el arte de estos pueblos. **Descubra por qué esta antigua sociedad tuvo un impacto tan grande en civilizaciones posteriores como la antigua Grecia y Roma.**

61. **La civilización minoica se considera la primera civilización de Europa.** Comenzó alrededor del año 3000 a. C.

62. **Los minoicos eran principalmente agricultores que vivían en islas frente a la costa de la Grecia continental, como Creta.**

63. **Construyeron impresionantes palacios con grandes patios, almacenes, talleres y apartamentos privados para la realeza y otras personas importantes.** Se han encontrado palacios minoicos en **Cnosos y Festos**.

64. **El palacio de Minos en la isla de Cnosos,** por ejemplo, es un lugar que sirvió de centro religioso y administrativo, además de ser la residencia real, lo que constituye un testimonio de **la sofisticación de la cultura minoica**.

65. **Desarrollaron la escritura lineal A**, que aún no ha sido totalmente descifrada.

66. **Se cree que su cultura se basaba en el comercio marítimo, debido a su ubicación junto al mar Mediterráneo.** Estaban conectados con otras civilizaciones, como Egipto, Siria y Anatolia.

67. **Los minoicos tenían una rica tradición artística que incluía alfarería, metalurgia y joyería.** Muchos artefactos supervivientes se encuentran ahora en museos de todo el mundo.

68. **Eran conocidos por sus hermosos frescos e intrincados diseños en relieve** que representaban escenas de la naturaleza, personas y animales.

69. **Se cree que los minoicos inventaron el fresco**, una técnica que hace que los pigmentos se conviertan en parte de la pared.

70. **Creían en muchos dioses, incluidos los que representaban a la naturaleza.** Por ejemplo, creían que las serpientes eran dioses de la fertilidad y los toros de la fuerza.

71. **Desarrollaron técnicas arquitectónicas avanzadas, como arcos y columnas para soportar el peso de los edificios,** ¡algunos de estos alcanzaban hasta tres pisos de altura!

72. **La civilización minoica es famosa por poseer uno de los laberintos más antiguos jamás construidos.** Se cree que este sinuoso laberinto lleno de pasadizos y cámaras secretas se encontraba en el palacio de Cnosos de Creta.

73. **A diferencia de otras civilizaciones antiguas, las mujeres a menudo ocupaban puestos más altos que los hombres en la sociedad.** Algunas incluso eran sacerdotisas en importantes lugares religiosos como el palacio de Cnosos.

74. **Los minoicos construyeron complejos sistemas de irrigación para llevar agua dulce a las ciudades y sus alrededores,** lo que les permitió desarrollar y avanzar en varios métodos agrícolas.

75. **Eran hábiles navegantes. ¡Sus barcos llegaron a viajar hasta Egipto y Siria!**

76. **Esta civilización recibe su nombre de Minos, un personaje de la mitología griega** que era rey de Creta, hijo de Zeus y Europa.

77. **La civilización minoica decayó hacia el 1450 a. C.** Durante los siglos siguientes, fue dominada y finalmente tomada política y culturalmente por la civilización micénica de la Grecia continental.

78. **También se cree que la cultura minoica fue destruida por desastres naturales**, como terremotos y erupciones volcánicas, que causaron una destrucción masiva de las ciudades.

79. **Alrededor del 1600 a. C., por ejemplo, se cree que la erupción del volcán Thera causó una catástrofe ecológica en la región.**

80. **Hoy se sabe mucho más sobre esta civilización gracias a Sir Arthur Evans**, que descubrió muchos artefactos durante varias excavaciones arqueológicas que se realizaron entre 1900 y 1930 d. C.

Historia de Europa

Civilización micénica
(1750-1050 a. C.)

Descubra la fascinante historia de la civilización micénica. Explore veinte hechos interesantes sobre el estilo de vida de este periodo, incluyendo las fuertes influencias de la civilización minoica.

81. **Los micénicos fueron una antigua civilización que vivió durante la Edad de Bronce en Grecia**, aproximadamente entre el 1750 y el 1050 a. C.

82. **Mientras que los minoicos vivían en las islas griegas, los micénicos vivían principalmente en la Grecia continental.**

83. **Su cultura fue muy influenciada por la civilización minoica.** Ambas civilizaciones compartían estilos similares de cerámica, joyería y otros artefactos, así como rituales y costumbres religiosas.

84. **Debido a esto, a veces se hace referencia a la civilización micénica como la sucesora de la civilización minoica.**

85. **Los estudiosos creen que las historias épicas de Homero, la Odisea y la Ilíada**, se inspiraron en hechos reales que tuvieron lugar durante este período.

86. **Los arqueólogos han descubierto muchas tumbas y yacimientos por toda Grecia pertenecientes a gobernantes y nobles micénicos.** Han encontrado diversos artefactos de oro, armas y armaduras.

87. **Los micénicos comerciaban prolíficamente con otras civilizaciones cercanas, como Egipto, el Imperio hitita y Anatolia.** Intercambiaban bienes por metales preciosos como cobre, bronce y estaño.

88. **En cuanto a la organización política, el rey micénico, llamado *anax*, combinaba funciones militares, políticas y religiosas. Gobernaba el estado micénico.**

89. **La economía se basaba en gran medida en la agricultura.** Cultivaban trigo, cebada, aceitunas y uvas para producir vino o aceite de oliva, que se exportaba a toda la región mediterránea.

90. **La guerra desempeñaba un papel esencial en la sociedad.** Los guerreros utilizaban carros tirados por caballos o bueyes durante la batalla. **Los micénicos** iban armados con espadas, lanzas o arcos y flechas.

91. **La cerámica de este periodo representaba escenas de la vida cotidiana**, como campesinos trabajando, pescadores en alta mar o personas asistiendo a ceremonias religiosas.

92. **Los micénicos adoraban a dioses como Zeus, Poseidón, Artemisa y Hera y desarrollaron gran parte de la mitología griega**. Realizaban sacrificios para apaciguar a estas deidades.

93. **Su arquitectura era bastante avanzada para la época**. En casi todos los yacimientos micénicos importantes de Grecia se podían encontrar grandes palacios con techos abovedados hechos de **bloques de piedra llamados** *megaron*.

94. **Los yacimientos arqueológicos de Micenas y Tirinto, situados en el Peloponeso**, son los dos lugares que contienen más evidencias de este periodo, incluyendo ruinas antiguas que aún hoy se mantienen en pie.

95. **El término «micénico» deriva de la ciudad griega de Micenas, una de las más poderosas y hogar del legendario rey Agamenón,** líder durante la guerra de Troya.

96. **Se cree que Agamenón y otras figuras de la historia micénica son una combinación entre la realidad y la leyenda.** Estas figuras se mencionan a menudo en relatos mitológicos.

97. **Los micénicos fabricaban joyas finas utilizando oro, plata y otras piedras preciosas como el lapislázuli o la cornalina.**

98. **Su arte y diseños se caracterizaban por formas geométricas, como círculos, triángulos, espirales y zigzags.**

99. **La lengua micénica formaba parte de la gran familia de lenguas indoeuropeas predominante,** pero contenía características que se perdieron con el tiempo y no influyeron en el griego antiguo posterior.

100. **La civilización micénica empezó a decaer alrededor del año 1200 a. C., durante el colapso de la Edad de Bronce.** Este acontecimiento sigue siendo un misterio, pero muchos especulan que fue causado por desastres naturales o por invasiones de tribus extranjeras.

Historia de Europa

La antigua Grecia
(800-146 a. C.)

En este capítulo se estudia la cautivadora historia de la antigua Grecia. Explore veinte datos interesantes sobre la cultura, las creencias y el gobierno. **Los antiguos griegos sentaron algunas bases muy importantes de las civilizaciones actuales;** ¡es hora de saber lo influyentes que fueron!

101. Tras el fin de la Edad de Bronce, los pueblos que habitaban la actual Grecia, **las islas del Egeo y partes del este de Anatolia entraron en un periodo de decadencia llamado la Edad Oscura griega.**

102. **Los habitantes de estas tierras se referían a sí mismos como helenos y a la tierra en la que vivían como Hellas.** Hablaban la misma lengua y compartían gran parte de la cultura, lo que contribuyó a la formación de una identidad común.

103. **Sin embargo, la antigua Grecia no era un estado unificado ni un imperio.** En cambio, estaba formada por muchas ciudades-estado, cada una con su propia forma de gobierno.

104. **Dos de las ciudades-estado más importantes eran Atenas y Esparta. Atenas tenía una forma temprana de democracia, mientras que Esparta era gobernada por dos reyes.**

105. **Las ciudades-estado griegas comenzaron a surgir tras el final de la Edad Media griega**, a partir del año 800 a. C. aproximadamente.

106. **Durante los siglos siguientes, las ciudades-estado desarrollaron rápidamente una cultura y una sociedad griega.** Puede decirse que, con el tiempo, la antigua Grecia se convirtió en la civilización más avanzada de su tiempo.

107. **Los griegos creían en una vida equilibrada, en la que la actividad física, la educación, la religión y el arte** desempeñaban un papel importante en la vida cotidiana.

108. **Practicaban la ciencia y las matemáticas**, lo que dio lugar a avances en astronomía, ingeniería, medicina, etc.

109. **La cultura de la antigua Grecia se extendió a través del comercio con otras regiones,** creando un intercambio cultural que todavía se puede ver en la Europa actual.

110. **Algunas ciudades-estado griegas como Atenas contaban con un desarrollado sistema de tribunales de justicia** que permitía a los ciudadanos acceder a la justicia sin temor a ser castigados por los gobernantes.

111. **La antigua Grecia disponía de un alfabeto adaptado de los comerciantes fenicios.** Tenía influencias de escrituras anteriores de la región y, de forma un poco modificada, se sigue utilizando para escribir en griego hoy en día.

112. **Los griegos adoraban a dioses como Zeus, Atenea, Apolo y Afrodita**. Representaban a estas deidades en estatuas y otras obras de arte. Los griegos también tenían templos, como el Partenón de Atenas, que sigue en pie hoy en día.

113. **Los antiguos griegos construyeron estadios para eventos deportivos** a los que acudían miles de personas para ver competiciones entre atletas de todo el mundo.

114. **En Olimpia, en el año 776 a. C., se celebraron los primeros Juegos Olímpicos.** ¡Se siguieron celebrando cada cuatro años durante doce siglos!

115. **Los avances en el pensamiento político y social, así como en la filosofía,** ayudaron a crear una compleja sociedad griega que influyó en las civilizaciones vecinas.

116. **La antigua Grecia es bien conocida por sus pensadores, como Sócrates, Platón y Aristóteles.** Estos hombres contribuyeron en gran medida al estudio del mundo y la realidad.

117. **Los filósofos griegos escribieron sobre la naturaleza humana, la ética y el gobierno en libros como *La República*.** Estos escritos se siguen utilizando hoy en día para entender la política.

118. **Los griegos crearon obras maestras del arte, como esculturas que representaban a dioses y héroes de la mitología, cerámicas pintadas con bellas escenas** e intrincadas joyas de oro y plata.

119. **Los arquitectos construyeron teatros donde se representaban obras para grandes audiencias**. Algunos famosos dramaturgos griegos antiguos son Sófocles y Eurípides.

120. **La antigua Grecia fue la cuna de la civilización occidental.** Sus ideas, arte, lengua y literatura dieron forma a gran parte de Europa e incluso de Asia.

Las guerras greco-persas
(499-449 a. C.)

Las guerras greco persas fueron importantes conflictos bélicos entre las antiguas ciudades-estado griegas y el Imperio persa. Esta sección explora veinte hechos sobre este importante hecho, como por ejemplo por qué estallaron estas guerras.

121. **Las guerras greco persas fueron una serie de guerras libradas entre las ciudades-estado griegas y el Imperio persa.** Comenzaron en el 499 a. C. y terminaron en el 449 a. C.

122. **Estos conflictos también se conocen como guerras persas o la Gran Guerra.** Las batallas de estas guerras tuvieron lugar tanto en la tierra como en el mar.

123. **En su apogeo, Persia se extendía desde los estados balcánicos de Europa hasta la India y hasta Egipto.** Era un poderoso actor en Oriente Próximo.

124. **Dos de las ciudades-estado más poderosas de la antigua Grecia en esta época eran Atenas y Esparta, que ejercían influencia sobre las ciudades-estado vecinas más pequeñas.** Lideraron la resistencia griega contra los persas.

125. **La región del Peloponeso estaba dominada por Esparta, una potencia militar** que fundó la Liga del Peloponeso en el siglo VI a. C., una alianza formada por las principales ciudades-estado independientes de la región.

126. **La causa inicial de las guerras tuvo su origen en desacuerdos sobre los derechos comerciales dentro de Jonia** (actual Turquía).

127. **Los gobernantes persas Darío I y Jerjes intentaron en varias ocasiones invadir la Grecia continental** y conseguir que las ciudades-estado se sometieran a su dominio. Sin embargo, estas invasiones fracasaron.

128. **Los griegos vencieron a pesar de estar en inferioridad numérica utilizando tácticas inteligentes,** como retrasar a los persas mientras llegaba ayuda de sus aliados.

129. **Una de las batallas más famosas de estas guerras fue la batalla de Maratón, que tuvo lugar en el año 490 a. C.** El ejército griego derrotó a la fuerza invasora persa utilizando estrategias y tácticas militares superiores.

130. **La maratón se inspiró en la batalla de Maratón. Se dice que Filípides, el mejor corredor de Atenas, corrió de Maratón a Atenas para dar la noticia de la victoria en esta batalla.** Después de anunciar la victoria, cayó muerto.

131. **Las victorias de los griegos en el mar se debieron principalmente a sus barcos,** más pequeños, pero más ágiles, que superaban a los grandes y pesados barcos persas.

132. **Esparta fue una de las principales fuerzas griegas en la lucha contra Persia durante este periodo.** Esparta era conocida por su tradición militar y sus hoplitas bien entrenados.

133. **Durante las guerras greco-persas, un famoso líder ateniense llamado Temístocles** utilizó una estrategia naval innovadora para derrotar a una flota persa mucho mayor en Salamina, en el 480 a. C.

134. **La batalla de las Termópilas, en el 480 a. C., es otra batalla legendaria de estas guerras.** La película *300* está basada en este conflicto. Trescientos guerreros espartanos, setecientos tespios y cientos de ilotas se enfrentaron a un número abrumador de persas. Los griegos se batieron a muerte y vencieron.

135. **En el 479 a. C., Grecia experimentó su mayor victoria sobre los persas en la batalla de Platea,** cuando 10.000 griegos derrotaron a 100.000 persas dirigidos por Jerjes.

136. **En el 478 a. C., Atenas fundó la Liga Délica, una confederación de ciudades-estado griegas con el propósito de luchar contra el Imperio persa.** La Liga Délica incluía muchas islas griegas del Egeo, por lo que se convirtió en la fuerza naval más poderosa de la región.

137. **La guerra terminó cuando ambas partes acordaron poner fin a las hostilidades mediante la Paz de Calias en el 449 a. C.** La paz concedió autonomía a las ciudades-estado jónicas y a los asentamientos en Asia Menor, y los barcos persas quedaron excluidos de entrar en el Egeo.

138. **Tras la conclusión de estas guerras**, Atenas se convirtió en una de las principales potencias del antiguo mediterráneo.

139. **Tras las guerras greco-persas**, Grecia vivió su edad de oro. En este periodo florecieron el arte, la literatura y la filosofía.

140. **Tras las guerras greco-persas también se produjo tensión entre las dos alianzas lideradas por Atenas y Esparta,** que concluyó con el estallido de la guerra del Peloponeso entre ambos bandos, en el año 431 a. C.

141. **Este conflicto duró hasta el 404 a. C. y se desarrolló en varias fases,** durante las cuales los dos bandos se disputaron la hegemonía y la influencia predominante en el mundo griego antiguo.

142. **Los espartanos adoptaron una política agresiva y atacaron a los atenienses y a sus aliados con** su ejército de hoplitas que eran considerados unos de los mejores soldados del mundo antiguo.

143. **La estrategia ateniense, por su parte,** consistía en la contención en tierra y la confianza en los ataques navales y los bloqueos, ya que **la Liga Délica, liderada por los atenienses**, era superior en el mar.

144. **La guerra del Peloponeso terminó con la derrota de Atenas y sus aliados** en el año 404 a. C., y Esparta se erigió durante un tiempo como ama de la antigua Grecia.

145. **Unos cien años después de la conclusión de las guerras greco-persas, Alejandro Magno, del Reino de Macedonia,** unificó casi toda Grecia y acabó con el Imperio persa.

Alejandro Magno y la Liga Helénica

Este capítulo navega a través de acontecimientos cruciales, desde las turbulencias que siguieron a la guerra del Peloponeso hasta las ambiciones de Filipo II de Macedonia. Explore el extraordinario reinado de **Alejandro Magno**, cuyas conquistas remodelaron el mundo antiguo, dejando tras de sí un legado de helenización.

146. Tras el final de la **guerra del Peloponeso**, Atenas fue gobernada brevemente por un grupo de oligarcas conocidos como **los treinta tiranos**.

147. **Los treinta tiranos fueron instalados por Esparta** para mantener a Atenas bajo la influencia espartana.

148. **Los treinta tiranos fueron derrocados un año después** y el dominio espartano en la región se vio desafiado por **la guerra de Corinto** (395-387 a. C.).

149. Durante esta guerra, **Atenas, ayudada por las ciudades-estado de Corinto, Argos y Tebas, luchó contra Esparta**. Nadie logró una victoria decisiva, lo que provocó el debilitamiento de ambos bandos.

150. **La Paz de Antálcidas se acordó en el 387 a. C.** después de que el Imperio persa interviniera del lado de las ciudades-estado aliadas y las ayudara contra los espartanos.

151. **Tras la conclusión de la guerra, la ciudad-estado de Tebas** se aprovechó del debilitado estado de Esparta y se rebeló contra la hegemonía espartana en el 378 a. C.

152. **Tebas derrotó a Esparta en la batalla de Leuctra,** en el 371 a. C., dando lugar a un breve período de hegemonía tebana sobre Grecia, que duró hasta el 362 a. C.

153. En el 362 a. C., tuvo lugar **la batalla de Mantinea**. Epaminondas, un líder que había ayudado a Tebas a subir al poder, murió en la batalla, provocando un declive del poder tebano.

154. La inestabilidad en la región hizo que las ciudades-estado griegas fueran mucho más débiles a mediados del siglo IV a. C. que antes del comienzo de las guerras greco-persas.

155. La inestabilidad también provocó el auge de las ideas panhelénicas entre los griegos, que preferían la unidad política en lugar del *statu quo* de las ciudades-estado.

156. El Reino de Macedonia, un reino helenístico situado en el norte y construido en torno a la ciudad de Pella, comenzó a ganar poder a mediados del siglo IV a. C.

157. Macedonia había permanecido neutral durante la mayor parte de las guerras en Grecia y se encontraba en una posición poderosa para emerger como una fuerza dominante en Grecia a finales de siglo.

158. El rey Filipo II de Macedonia decidió imponer su influencia sobre las demás ciudades-estado, en parte para unirlas contra la amenaza persa que se cernía sobre ellas.

159. El rey Filipo formó la Liga de Corinto, una alianza de ciudades-estado sometidas a Macedonia. La Liga celebró su primer consejo en Corinto después de que las fuerzas de Filipo salieran victoriosas contra Tebas y Atenas en la batalla de Queronea, en el 338 a. C.

160. El rey macedonio propuso una alianza defensiva entre las ciudades-estado del sur de Grecia (excepto Esparta, que se negó). Filipo se negó a imponer su autoridad por la vía militar.

161. Cuando murió, lo sucedió su hijo y heredero Alejandro III, que luego fue conocido como **Alejandro Magno** y se convirtió en uno de los gobernantes más consumados de todos los tiempos.

162. La primera política de Alejandro fue someter a las ciudades-estado griegas y realizó extensas campañas para lograrlo durante los primeros años de su reinado en los Balcanes.

163. En el 335 a. C., Alejandro derrotó decisivamente a los tebanos y destruyó la ciudad de Tebas, lo que obligó a otras ciudades-estado a someterse a Alejandro.

164. **Alejandro también se aseguró las provincias fronterizas con posesiones persas** en Asia Menor para su guerra contra los aqueménidas.

165. **Alejandro logró la conquista completa del vasto Imperio persa,** pero fue en el mismo momento de su inesperada muerte, en el año 323 a. C.

166. **Alejandro logró victorias decisivas en las batallas de Gránico** (334 a. C.), **Issos** (333 a. C.), **Tiro y Gaza** (332 a. C.) y **Gaugamela** (331 a. C.), que le permitieron arrollar la resistencia persa y reclamar para sí tierras persas.

167. **Al entrar victorioso en las satrapías persas de Asia Menor, Levante, Egipto e Irán, Alejandro fue aceptado como el nuevo líder** y emergió como una de las figuras más poderosas de toda la antigüedad.

168. **Las conquistas de Alejandro llegaron hasta el río Indo, en el este.**

169. **Alejandro murió en Babilonia en el año 323 a. C.** No se sabe con certeza cuál fue la causa de su muerte, pero la mayoría de los estudiosos creen que murió de fiebre tifoidea o alguna otra enfermedad.

170. **El imperio de Alejandro se desintegró poco después de su muerte**. Los territorios que había ganado se repartieron entre sus generales en **las guerras de los Diadocos**.

171. **Las conquistas de Alejandro provocaron cambios socioculturales masivos en todo el mundo antiguo**. Dio lugar a la afluencia de colonos griegos en estas tierras y a un posterior proceso de helenización, la difusión de la cultura y las tradiciones griegas.

172. **El griego antiguo se convirtió en la lengua franca del mundo**. Las costumbres griegas se fusionaron con ricas tradiciones locales y produjeron variaciones regionales únicas durante los siguientes cientos de años.

173. **El periodo helenístico resultante estuvo marcado por grandes logros en las artes, la ciencia y la filosofía.**

174. **Los estados que sucedieron al imperio de Alejandro** se volvieron demasiado inestables y fueron conquistados por los romanos.

175. **El mundo griego antiguo dejó tras de sí un asombroso legado** que atestigua la importancia de esta época en la historia europea y mundial.

La República romana
(509-27 a. C.)

En este capítulo se explora la increíble historia de la República romana, otra de las primeras grandes civilizaciones de Europa. Conozca veinticinco datos interesantes sobre el gobierno, las religiones, las hazañas de la ingeniería, ¡y mucho más!

176. **La ciudad de Roma fue fundada legendariamente en el año 753 a. C. por dos hermanos gemelos llamados Remo y Rómulo.**

177. **La civilización romana creció rápidamente alrededor de la ciudad de Roma**, ocupando la mayor parte del centro de Italia en el siglo VI a. C.

178. **Los romanos lucharon contra otros pueblos que vivían en la península,** como los etruscos, que se concentraban sobre todo en el norte; y las ciudades-estado griegas, en el sur.

179. **Los romanos hablaban la lengua latina, que originalmente era un dialecto hablado en la región del Lacio, en el centro de Italia.**

180. **Gracias a las victorias militares sobre sus vecinos**, los romanos se convirtieron en la potencia más dominante de Italia. Más tarde, difundieron **la cultura latina** por otras partes del mundo.

181. **A diferencia de la antigua Grecia, Roma fue inicialmente un reino. Su último rey, Tarquinio Superbo**, fue derrocado hacia el 509 a. C. y se instauró una república.

182. **La palabra «república» viene del latín *res publica*, que significa «asunto público».** Designa a un estado en el que se supone que el pueblo ostenta el poder político.

183. **Los romanos estaban muy influenciados por la cultura y el modo de vida griego**. Adoptaron un sistema político similar al de los griegos, así como su complejo sistema de dioses.

184. **Los dioses romanos regían diferentes aspectos de la vida, como la guerra, la agricultura o la muerte, de forma muy parecida a los dioses griegos.** Los dioses romanos se correspondían con los dioses griegos, pero la mayoría tenían nombres diferentes. Por ejemplo, Zeus se llamaba Júpiter.

185. **Los romanos establecieron un poder legislativo llamado Senado**, que estaba compuesto por decenas y luego centenares de ciudadanos que ejercían de por vida como magistrados y eran elegidos por los cónsules.

186. **Los cónsules eran los dos líderes de la República romana. Su mandato duraba un año.** Tenían un poder especial llamado veto, que significaba que podían impedir que su colega hiciera algo si les parecía mala idea.

187. **En la República romana, la población estaba dividida en dos clases sociales: los patricios, que eran ricos terratenientes y propietarios de negocios**; y los plebeyos, que eran campesinos que trabajaban en granjas o en negocios pertenecientes a los patricios.

188. **La República romana estaba dividida en diferentes provincias**, que eran gobernadas por gobernadores, nombrados por el Senado en Roma.

189. **La legislación escrita más antigua de Roma fueron las *Doce tablas*, promulgadas por primera vez hacia el 450 a. C.** En ellas se reconfirmaban las distinciones de clase entre plebeyos y patricios y se reconocían los derechos de unos y otros.

190. **Los romanos eran grandes ingenieros.** Construyeron carreteras, algunas de las cuales siguen en pie hoy en día. También construyeron acueductos para trasladar el agua de un lugar a otro, puentes sobre los ríos y murallas alrededor de sus ciudades para protegerse de los enemigos.

191. **Todos los ciudadanos de la República romana tenían derechos, entre ellos el de votar las leyes y elegir a los funcionarios que los dirigirían.**

192. **Sin embargo, no todos podían ser ciudadanos. Solo los varones con ambos padres romanos.** Más tarde, los senadores y los emperadores concedieron la ciudadanía a todas las personas que vivían en el Imperio romano.

193. **Las luchas de gladiadores eran un entretenimiento popular entre los romanos.** Estos luchadores combatían entre sí utilizando armas como espadas o lanzas en eventos celebrados en grandes arenas.

194. **Los romanos construyeron una de las primeras versiones de alcantarillado para eliminar los residuos de las zonas públicas de sus ciudades.**

195. **Los romanos dieron mucha importancia a la educación y a la ciencia**, al igual que los griegos, dejando tras de sí un rico legado cultural.

196. **Roma era famosa por su ejército profesional**, que fue una de las razones clave por las que se estableció como estado poderoso.

197. **Las legiones romanas crearon formaciones complejas llamadas tortugas**, que permitían a los soldados moverse por los campos de batalla protegidos y con la posibilidad de atacar durante la batalla cuando era necesario.

198. **Los antiguos romanos tenían muchos tipos diferentes de soldados, incluyendo la caballería** (guerreros montados a caballo), **la infantería** (soldados que luchaban a pie) **y los auxiliares** (ciudadanos no romanos que servían como soldados).

199. **Aunque los romanos no inventaron el hormigón**, fueron los primeros en utilizarlo para la mayoría de sus proyectos de construcción, que incluían anfiteatros, templos y acueductos.

200. **Tras el establecimiento de la república, Roma expandió sus territorios**, convirtiéndose en dueña de Italia, el sur de Iberia y la costa norte de África. Más tarde, se convirtió en uno de los mayores imperios de la historia mundial.

El Imperio romano
(27 a. C.-476 d. C.)

El Imperio romano es uno de los periodos más emblemáticos e influyentes de toda la historia. Abarcó desde el 27 a. C. hasta el 476 d. C. y fue testigo de una gran expansión y una floreciente cultura. Conozca veinte datos sobre el Imperio romano.

201. **En el siglo I a. C., Roma se había expandido rápidamente, apoderándose de Grecia y parte de Anatolia.** También controlaba Iberia y el norte de África.

202. **El Senado tenía que gobernar un territorio muy extenso**, lo que era prácticamente imposible. Los comandantes y generales locales tenían mucho poder en las provincias romanas.

203. Durante el siglo I a. C., **la República romana sufrió conspiraciones internas y guerras civiles.** Los generales seguían expandiendo su poder.

204. **Julio César, uno de los generales más poderosos, que había conquistado la Galia**, marchó con sus fuerzas hacia Roma y tomó el control de la República en el año 45 a. C.

205. **Julio César fue asesinado en el 44 a. C. por varios senadores**. Tras este hecho, se formaron varias facciones, pero el hijo adoptivo y sucesor de Julio César, Augusto (antes conocido como Octavio), fue declarado emperador en el 27 a. C. por orden del Senado.

206. **Augusto recibió el título de *princeps*** (primer ciudadano) y se convirtió en el gobernante de facto de toda Roma.

207. **La dinastía Julio-Claudia, fundada por Augusto**, incluyó emperadores como **Tiberio, Calígula, Claudio y Nerón.**

208. **El Senado seguía existiendo, pero no tenía tanto poder**. Augusto redujo el número de senadores de novecientos a seiscientos.

209. En su apogeo, **el Imperio romano se extendía desde Britania hasta el norte de África y parte de Asia Menor** (actual Turquía).

210. **Durante la *Pax romana*** (la Paz romana), que duró desde el 27 a. C. hasta el 180 d. C., hubo estabilidad en el Imperio romano, aunque seguían produciéndose guerras con fuerzas exteriores.

211. **Desde finales del siglo I hasta el siglo II de nuestra era, Roma fue gobernada por cinco emperadores consecutivos**, conocidos como los cinco buenos emperadores.

212. **Este término fue acuñado por Nicolás Maquiavelo en el siglo XVI** para describir el período de estabilidad de Roma bajo el gobierno de Nerva, Trajano, Adriano, Antonino Pío y Marco Aurelio.

213. **Maquiavelo creía que la prosperidad del Imperio romano se debía a que los emperadores elegían a sus herederos.**

214. **Trajano, emperador entre el 98 y el 117 d. C., llevó al Imperio romano a su mayor extensión territorial**, incluyendo la conquista de Dacia (actual Rumania) y partes de Mesopotamia.

215. **Marco Aurelio, que reinó del 161 al 180 d. C., no solo fue uno de los emperadores más exitosos de Roma,** sino que se hizo un nombre debido a sus contribuciones a la filosofía del estoicismo.

216. **Sus *Meditaciones*, una serie de escritos personales en griego *koiné* que fueron compuestos por el emperador para su uso personal**, se convirtieron en uno de los libros filosóficos más vendidos de la historia.

217. **El latín se convirtió en la lengua común que unía a todos los pueblos que vivían bajo el dominio de Roma,** lo que les ayudaba a mantenerse conectados.

218. **La Crisis del Siglo III (235-284 d. C.) fue un periodo de inestabilidad política, militar** y económica caracterizado por frecuentes cambios de emperadores e invasiones de tribus externas.

219. **Con el fin de controlar mejor los vastos territorios del Imperio, el emperador Diocleciano** introdujo un sistema llamado la tetrarquía en el 286 d. C.

220. **La tetrarquía era una división de las tierras romanas en dos unidades administrativas, Oriente y Occidente,** cada una gobernada por un augusto distinto y un subalterno llamado césar. Algunos emperadores posteriores gobernaron ambas partes.

221. **Diocleciano también introdujo otras reformas administrativas y económicas que ayudaron a estabilizar la situación del imperio a finales del siglo III.**

222. **La división del imperio se hizo definitiva en el 395 tras la muerte del emperador Teodosio I,** el último emperador de la Roma unida. Sus hijos, Honorio y Arcadio, se convirtieron en los emperadores del Imperio romano de Occidente y de Oriente, respectivamente.

223. **El emperador Constantino el Grande**, que gobernó del 306 al 337 d. C., construyó una nueva residencia imperial en el **estrecho del Bósforo**. Esta ciudad, Constantinopla, se convirtió en la capital del Imperio romano de Oriente.

224. **Al principio, el cristianismo fue perseguido por los emperadores. Nerón** y otros fueron tristemente célebres por su trato brutal y su odio hacia los cristianos.

225. **Constantino el Grande legalizó el cristianismo con el Edicto de Milán** en el 313 d. C., y así puso fin a la persecución de los cristianos en el imperio.

226. **En el 380 d. C., el emperador Teodosio declaró el cristianismo religión oficial de Roma**, a lo que siguió un paulatino desarraigo de las prácticas paganas en todos los territorios del imperio.

227. **El muro de Adriano fue construido por los romanos en el 122 d. C.** para protegerse de los bárbaros del norte de Inglaterra y Escocia.

228. En el 475 d. C., **Rómulo Augusto se convirtió en el último emperador del Imperio romano de Occidente.** Su reinado terminó un año más tarde, cuando Roma fue invadida por el general bárbaro Odoacro.

229. A partir del 476 d. C., **el poder se alejó de Roma** y se formaron pequeños reinos que controlaban diferentes partes de Europa.

230. **La caída del Imperio romano condujo a la Edad Media**, un período de Europa en el que no había un gobierno centralizado y la gente dependía más de los gobernantes locales para asegurar su protección.

El periodo migratorio
(375-700 d. C.)

En este capítulo se explora el periodo migratorio en Europa, un periodo de intensos movimientos y cambios. Conozca veinte datos interesantes sobre la influencia de estas migraciones en Europa.

231. **El periodo migratorio fue una época de migraciones a gran escala de diferentes pueblos tribales del este de Europa hacia el oeste.**

232. **El periodo migratorio dio lugar a muchas invasiones bárbaras en las tierras del Imperio romano.** Algunas de estas tribus, como los ostrogodos y los visigodos, participaron en la caída del Imperio romano de occidente en 476.

233. **Es difícil saber con certeza cuántas personas emigraron durante este tiempo**, pero las estimaciones no superan los 750.000.

234. **Las tribus germánicas emigraron hacia el norte y el oeste de Europa desde su tierra natal, cerca del mar Negro, en el este de Europa.**

235. **Estas tribus incluían a los visigodos, francos, vándalos y anglos.** Invadieron territorios romanos en Italia, Galia, Iberia e incluso en el norte de África.

236. **Los romanos se referían a todos los pueblos no romanos como bárbaros** y aplicaron diferentes políticas para tratar con ellos.

237. **Aunque el Imperio romano conquistó muchos territorios bárbaros**, algunas veces permitió que los bárbaros vecinos se establecieran en tierras controladas por Roma.

238. **Roma fue saqueada cuatro veces por los bárbaros. El ataque visigodo a Roma** en el 410 se considera a menudo el principio del fin del Imperio romano.

239. **Las fuerzas romanas tuvieron dificultades para controlar a los bárbaros.** Además, Roma sufría inestabilidad interna, guerras civiles y una aguda crisis económica.

240. **Una de las principales razones por las que los bárbaros empezaron a desplazarse hacia el oeste fue a causa de los hunos**, que realizaron ataques devastadores contra los pueblos que vivían en el este de Europa, obligándolos a desplazarse fuera de la región.

241. **En el 476, tras dos siglos de hacer frente a invasiones bárbaras a gran escala, el rey germánico Odoacro depuso al último emperador romano de Occidente.** El resto del imperio se desintegró rápidamente.

242. **Las tribus emigrantes se asentaron en diferentes provincias romanas y comenzaron a establecer formaciones estatales** separadas entre sí.

243. **El Imperio romano de Oriente se vio poco afectado por las invasiones bárbaras y sobrevivió intacto al período migratorio.**

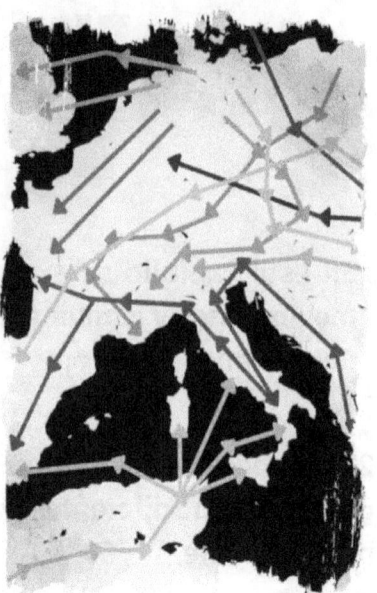

244. **El período migratorio condujo al colapso de la cultura latina romana** y al aumento del protagonismo de las culturas germánicas.

245. **Los nuevos gobernantes intentaron adoptar las antiguas costumbres y tradiciones romanas para legitimarse como líderes**, aunque solo lo consiguieron parcialmente.

246. **El cristianismo fortaleció a estas autoridades locales**, que utilizaron la doctrina religiosa para controlar a las poblaciones.

247. **Las invasiones bárbaras condujeron a una fragmentación de la autoridad política y los líderes individuales se hicieron más poderosos.** Los gobernantes locales se hicieron cada vez más influyentes dentro de sus regiones.

248. En el 568, **la mayoría de las tribus germánicas ya se habían asentado en sus nuevas tierras y e**l período de migración se ralentizó significativamente.

249. Se cree que el periodo migratorio ayudó originar los estados-nación modernos al crear distintas fronteras étnicas y lingüísticas en Europa.

250. **Durante el periodo migratorio se produjo un declive en el comercio y los intercambios, ya que la población se alejaba de las ciudades**, lo que provocó inestabilidad económica en toda Europa.

La Alta Edad Media
(476-1000 d. C.)

La Alta Edad Media, a veces llamada la Edad Oscura, fue una época de grandes transformaciones. Este capítulo explora veinte hechos fascinantes de esta época de la historia, desde la expansión del cristianismo hasta los avances tecnológicos. Descubra en qué consistió.

251. **La Alta Edad Media, que forma parte del periodo medieval**, duró desde el año 476 hasta el 1000 de nuestra era en Europa.

252. **Este período también se conoce como la «Edad Oscura»** porque el aprendizaje y la cultura decayeron debido a las invasiones de grupos como los vikingos, los musulmanes y los magiares (húngaros).

253. Hoy en día, a muchos historiadores no les gusta utilizar **el término «Edad Oscura» porque implica que Europa estaba culturalmente estancada durante este tiempo,** lo que no es cierto.

254. **La caída del Imperio romano de Occidente se considera tradicionalmente el inicio de la Alta Edad Media.**

255. **En general, la Alta Edad Media fue una época de inestabilidad e incertidumbre en Europa, a medida que se formaban nuevos estados sobre los restos del antiguo Imperio romano.**

256. **El feudalismo se convirtió en el sistema político y económico predominante durante esta época. La gente entregaba su lealtad a los señores** a cambio de protección y derechos sobre la tierra.

257. **El cristianismo se extendió por Europa y sustituyó a otras religiones, como la nórdica**. Sin embargo, tardó siglos en ser aceptado por la mayoría de la población.

258. **Los anglosajones se convirtieron al cristianismo con relativa rapidez.** ¡La mayoría de los anglosajones eran cristianos practicantes solo un siglo después de la introducción de la religión en Inglaterra!

259. **La Iglesia romana se veía a sí misma como la sucesora simbólica del Imperio romano**. Ganó poder y riqueza durante el periodo medieval.

260. La Iglesia envió misioneros a diferentes partes de Europa para difundir el cristianismo y convertir a los gobernantes paganos. Uno de los misioneros más conocidos fue San Agustín, que llevó el cristianismo a Inglaterra en el 597.

261. **Se construyeron iglesias y catedrales que se convirtieron en importantes centros sociales para las comunidades,** que se reunían allí para rendir culto o comerciar bienes entre sí en los mercados cercanos.

262. **Los monasterios se convirtieron en centros populares de aprendizaje en la Europa medieval. Los monjes que ayudaron a difundir el cristianismo** eran conocidos por ser personas piadosas y austeras.

263. **Los francos adoptaron el latín tras conquistar la Galia** (actual Francia) hacia el año 500 de nuestra era. Poco tiempo después, se convirtió en lengua oficial de la administración y la cultura de los estados de Europa occidental.

264. **Durante la Alta Edad Media, se utilizaban números romanos** para llevar las cuentas, en lugar de los números arábigos que se utilizan hoy en día.

265. **Los francos unificaron algunas partes de Europa durante el Imperio carolingio** (800-843), que más tarde se disolvió debido a las disputas internas y a la fragmentación del poder político.

266. En el siglo V, **los anglos, sajones y jutos invadieron Gran Bretaña**. Estos pueblos se conocieron conjuntamente como **los anglosajones**. Crearon su propia lengua, el inglés antiguo, que más tarde evolucionó en el inglés moderno.

267. **La migración anglosajona a Gran Bretaña obligó a los bretones locales a desplazarse a las periferias de las islas.** Así, sus sociedades sobrevivieron en partes de Gales, Irlanda y Escocia.

268. Alrededor del año 800 d. C., **como consecuencia al feudalismo, surgieron los caballeros**. Eran soldados a tiempo parcial encargados de proteger el castillo o la finca de su señor de los invasores.

269. **En la Alta Edad Media se produjeron importantes avances tecnológicos,** como la mejora de los arneses y estribos de los caballos, los arados pesados y las herraduras, así como técnicas más eficientes de rotación de cultivos.

270. **Los cristianos iniciaron la Reconquista en el 722** con la esperanza de recuperar Iberia de manos de los conquistadores musulmanes.

Historia de Europa

El Imperio bizantino
(330-1453 d. C.)

Explore la impresionante historia del Imperio bizantino con estos veinticinco datos interesantes. Desde su fundación hasta su caída, descubra cómo esta rica cultura mezcló religiones, lenguas y arte de toda Europa, África y Asia.

271. **El Imperio romano de Oriente, también conocido como Imperio bizantino, fue fundado en el siglo IV por el emperador Constantino I.** Duró hasta 1453, casi mil años después de la caída del Imperio romano de Occidente.

272. **El nombre proviene de la antigua ciudad griega de Bizancio**, que sirvió como capital del imperio, Constantinopla.

273. **Constantinopla fue el centro de Europa durante la Edad Media.** Era la ciudad más grande y rica, con murallas de unos cuarenta pies de altura.

274. **En el momento de su separación del Imperio romano de Occidente**, el Imperio bizantino controlaba tierras en los Balcanes, Anatolia, Oriente Próximo y Egipto. Era mucho más rico y poderoso que su homólogo occidental.

275. **El Imperio bizantino se consideraba el legítimo sucesor de Roma tras su caída.** Durante la Edad Media hubo muchos intentos de imponer la autoridad bizantina en Europa.

276. **Justiniano I, que reinó del 527 al 565, logró hacerse con el control de partes de Italia**, el norte de África e Iberia.

277. **Justiniano es recordado como el gobernante que intentó restaurar las fronteras del antiguo Imperio romano.** También se le recuerda por su código de leyes, que influyó posteriormente en muchos estados europeos.

278. **La emperatriz Teodora, esposa de Justiniano, fue muy influyente.** Reconoció los derechos de la mujer y utilizó su influencia para aprobar reformas religiosas y sociales.

279. **A pesar de los esfuerzos de Justiniano, el Imperio bizantino fue incapaz de imponer su dominio sobre el resto de Europa.** Las diferencias culturales entre el Imperio bizantino y la Europa occidental pos romana fueron cada vez más grandes.

280. **El Imperio bizantino es conocido por su mezcla única de culturas y religiones**, pero era principalmente un estado griego.

281. **Los ciudadanos bizantinos hablaban una variación de griego llamada griego bizantino**, aunque también conocían el latín.

282. **La mayoría de los territorios que controlaba el Imperio bizantino habían sido helenizados durante el apogeo de la antigua Grecia y con las conquistas de Alejandro Magno.**

283. **Una serie de acontecimientos controvertidos condujeron a la escisión «oficial» de la Iglesia cristiana en el 1054.** Con el Gran Cisma, se formaron la Iglesia católica romana de Occidente y la Iglesia ortodoxa de Oriente.

284. **Las dos iglesias surgieron como rivales** y ambas intentaron convertir a los paganos a su propia versión del cristianismo.

285. **Rusia adoptó el cristianismo del Imperio bizantino en el año 988 de nuestra era** y la Iglesia ortodoxa rusa sigue tradiciones religiosas similares en la actualidad.

286. **El ascenso del islam en el siglo VII debilitó políticamente al Imperio bizantino.** Los ejércitos invasores árabes conquistaron muchas tierras bizantinas en Oriente Próximo y Egipto.

287. **Sin embargo, el Imperio bizantino siguió siendo muy poderoso hasta el siglo XI.** Era conocido por su gran ejército y su rica economía.

288. **También era conocido por su impresionante arquitectura**, incluyendo famosas basílicas como **la de Santa Sofía, en Constantinopla.**

289. **Los bizantinos tenían una poderosa armada que era capaz de proteger sus costas y controlaba el mar Mediterráneo.**

290. **Los bizantinos eran conocidos por utilizar el fuego griego (precursor del napalm) durante las batallas**, donde lo proyectaban contra los barcos enemigos o contra fortalezas terrestres.

291. **El imperio entró en un periodo de decadencia con la llegada de los pueblos túrquicos procedentes de Asia central**, que llevaron a cabo campañas militares en tierras bizantinas.

292. **Los turcos selyúcidas se apoderaron de gran parte de Anatolia en el siglo XIII.**

293. **En 1254, Constantinopla fue saqueada por las fuerzas cristianas cruzadas, debilitando aún más el imperio.**

294. En el siglo XIV, **los turcos otomanos se convirtieron en el nuevo rival de Constantinopla. Derrotaron a los ejércitos bizantinos** una y otra vez.

295. **Las murallas de Constantinopla ayudaron a protegerla de los invasores en múltiples ocasiones. Sin embargo, la ciudad cayó en 1453 cuando las fuerzas otomanas** la conquistaron tras un asedio de cincuenta y tres días.

Invasiones vikingas
(790- 1066 d. C.)

En esta sección, se explora la extraordinaria historia de los vikingos y su impacto en Europa. Conozca veinte datos fascinantes sobre cómo vivían, sus famosos líderes y algunos de sus principales dioses.

296. **Los vikingos procedían de Escandinavia** y se destacaron entre los siglos VIII y XI.

297. **Los vikingos eran guerreros escandinavos que navegaban por el mar**. La mayoría se ganaban la vida como agricultores, pero hacían incursiones con frecuencia.

298. **Sus barcos eran de madera y se llamaban *drakkars*.** Estaban diseñados para navegar por ríos poco profundos y por mar abierto. Los vikingos podían transportarlos por tierra si era necesario.

299. **Los guerreros vikingos realizaban viajes llamados incursiones**, durante los que invadieron muchas partes de Europa en busca de tesoros, tierras y poder.

300. **La palabra «vikingo» deriva de una frase en nórdico antiguo que significa «incursión pirata».**

301. **En el año 790 de la era cristiana, asaltaron un monasterio en la costa de Inglaterra.** Tradicionalmente, este hecho se considera el inicio de la Era Vikinga.

302. **Algunas ciudades costeras construyeron murallas a su alrededor para defenderse de las incursiones,** pero pocas fueron capaces de resistir la fuerza de los feroces ataques vikingos.

303. **Aunque a menudo se representa a los vikingos con cascos con cuernos, no hay pruebas que demuestren que usaran cascos así.** En cambio, se cree que usaban cascos muy sencillos.

304. **Los vikingos eran conocidos por su actitud valiente y audaz en la batalla. La leyenda dice que tenían *berserkers*,** hombres que entraban en un estado de trance y luchaban hasta la muerte.

Historia de Europa

305. **Uno de los líderes vikingos más famosos fue Ragnar Lodbrok** (también deletreado Lothbrok). Asaltó París en el 845 y **fue asesinado por el rey Aella** (también llamado Aelle) de Northumbria, en Inglaterra.

306. **Los vikingos eran conocidos por sus complejas artesanías en madera y metal.** También por crear armas poderosas, como espadas.

307. **Establecieron rutas comerciales por toda Europa.** Primero, se centraron en la región del mar Báltico, pero más tarde se expandieron por el Mediterráneo.

308. **Aunque muchos piensan que solo los hombres vikingos podían ser guerreros, las mujeres también podían serlo.** No había tantas mujeres guerreras, pero hay pruebas de que algunas participaron en incursiones.

309. **La mayoría de las mujeres desempeñaban funciones importantes en el hogar, como dirigir granjas o negocios mientras sus maridos estaban en el mar.** Algunas eran consejeras y ayudaban a planear las incursiones.

310. **El panteón nórdico incluía a Odín** (el dios de la guerra y la sabiduría), **Thor** (el dios del trueno), **Loki** (el dios de las travesuras) y **Freya** (la diosa del amor).

311. **Los vikingos tenían su propia lengua, el nórdico antiguo.** Aunque hoy en día ya no se habla, se encuentran algunos elementos en las lenguas germánicas del norte.

312. **Creían en un lugar llamado Valhalla,** adonde iban los guerreros valientes después de morir en batalla. Allí se reunían con Odín en el más allá.

313. **Los vikingos eran muy supersticiosos.** Creían en los troles, los elfos, los dragones y los monstruos marinos.

314. **Los vikingos dejaron muchas historias de este periodo en su poesía, canciones y arte,** que se han transmitido durante cientos de años.

315. **Incluso hoy en día se celebra la cultura vikinga con festivales, películas y libros alusivos.** Dos de los mejores ejemplos son la serie de televisión *Vikingos* y los cómics y películas sobre Thor.

La Reconquista
(722-1492 d. C.)

La Reconquista fue un grupo de múltiples campañas militares cristianas destinadas a recuperar Iberia del dominio islámico. Estos veinticinco hechos arrojan luz sobre este interesante periodo de la historia europea.

316. **La Reconquista es el nombre dado a una serie de campañas militares cristianas contra los reinos islámicos** en Iberia durante la Edad Media, entre el 718 y 1492.

317. **Iberia había sido conquistada durante la etapa inicial de la expansión islámica por el naciente Califato omeya,** a principios del siglo VIII.

318. **Destruyeron el reino visigodo, que había gobernado Iberia desde finales del siglo V,** y estableció un califato islámico.

319. **Los europeos cristianos vieron en ello una afrenta.** Iniciaron una serie de operaciones militares para recuperar las tierras que creían injustamente perdidas a manos de los musulmanes.

320. **Las élites visigodas, que había huido al norte de la península Ibérica y fundado el Reino de Asturias,** se consideraban legítimos reclamantes de las tierras en poder de los musulmanes.

321. **Entre el 718 y el 722, los ejércitos asturianos derrotaron a los musulmanes en la batalla de Covadonga**, acontecimiento considerado el inicio de la Reconquista.

322. **Hasta principios del siglo XI, el Califato de Córdoba fue la principal entidad política islámica en Iberia,** controlando la mayor parte de la actual España y Portugal.

323. **El Califato de Córdoba fracasó en su intento de someter la resistencia cristiana** y se desintegró en pequeños estados islámicos debido a conflictos internos.

324. **En el año 910, bajo el liderazgo del rey Alfonso III, el Reino de Asturias se reorganizó en el Reino de León,** habiendo ganado un importante territorio en el centro de Iberia.

325. **Surgieron otros reinos cristianos como Castilla, Navarra y Galicia**, que lucharon contra los musulmanes y los hicieron retroceder poco a poco.

326. **Estos reinos cristianos no siempre fueron aliados entre sí**. A menudo elegían estratégicamente a sus socios para ganar más territorio e incluso entraron en guerra entre ellos.

327. **Entre los siglos XI y XIII se produjeron importantes avances en la Reconquista**, con victorias clave como la toma de Toledo en 1085, por Alfonso VI de León y Castilla.

328. **El mundo cristiano apoyó los esfuerzos de los reinos ibéricos durante la Reconquista, con el Papa Alejandro III** sancionando un esfuerzo bélico en 1064 para atacar la ciudad musulmana de Barbastro, que terminó con una victoria cristiana.

329. **El papa Urbano II, que convocó la Primera Cruzada en 1095, alentó la Reconquista en Iberia,** ofreciendo recompensas espirituales a quienes participaran en la lucha por recuperar territorios cristianos.

330. **Otra importante victoria cristiana se produjo en la batalla de las Navas de Tolosa, en 1212**, en la que las fuerzas combinadas castellanas, leonesas, navarras y portuguesas derrotaron al ejército de la dinastía musulmana almohade en Andalucía.

331. **Entre los siglos XII y XIII, los cristianos contaron con la ayuda de las recién creadas órdenes militares católicas,** cuya misión era luchar en nombre del cristianismo contra sus enemigos.

332. **Órdenes como los Caballeros Templarios y los Caballeros de Santiago** demostraron ser extremadamente valiosas, tomando a menudo el control de fortificaciones clave y aportando soldados profesionales a los ejércitos ibéricos.

333. **Los ibéricos también contaron con la ayuda de los cruzados en varias ocasiones, la más importante en 1147 durante el asedio de Lisboa**, que reforzó enormemente la posición del Reino de Portugal.

334. **La caída de Granada en 1492 marcó el fin del dominio musulmán en Iberia.**

335. **Los Reyes Católicos Isabel I de Castilla y Fernando II de Aragón culminaron la Reconquista.**

336. **Tras la finalización de la Reconquista, los reinos cristianos victoriosos comenzaron a difundir sus propias costumbres y tradiciones**, que se fusionaron con las prácticas musulmanas que se habían desarrollado en Iberia desde el siglo VIII.

337. **La Reconquista tuvo consecuencias económicas, ya que los territorios reconquistados aportaron nuevos recursos,** rutas comerciales y tierras agrícolas bajo control cristiano.

338. **La Reconquista provocó importantes cambios demográficos**, ya que la población musulmana de la península fue lentamente integrada a los reinos cristianos. Sin embargo, muchos optaron por marcharse y otros fueron expulsados por los nuevos gobernantes.

339. **En 1492, fueron expulsados más de 200.000 judíos castellanos y aragoneses**, como consecuencia del Decreto de la Alhambra.

340. **Los gobernantes cristianos obligaron a sus nuevos súbditos a convertirse al cristianismo**, un proceso que se vio acelerado por la Inquisición española.

Carlomagno
(aprox. 768-814 d. C.)

Carlomagno fue uno de los gobernantes más importantes de la historia europea. Descubra el impacto que causó con estos veinticinco datos sobre su reinado y su vida.

341. **Carlomagno, o Carlos el Grande, era hijo del rey Pepino el Breve, fundador del Imperio carolingio.**

342. **Carlomagno se convirtió en rey de los francos en el 768. Posteriormente, se convirtió en el único gobernante de los francos** después de que su hermano, que cogobernaba con él, muriera en el 771.

343. **El linaje carolingio, fundado por el padre de Carlomagno y que llevaba el nombre del siguiente emperador,** sustituyó a la dinastía franca merovingia.

344. **Carlomagno continuó la política de su padre, forjó buenas relaciones con la Iglesia romana,** expandió su reino a expensas de los paganos germanos y difundió el cristianismo.

345. **Como rey sabio y gran guerrero, conquistó gran parte de Europa occidental y central.**

346. **Derrotó a los lombardos en el 774. Estos pueblos germánicos se habían apoderado de gran parte de Italia en el siglo VI.** Carlomagno cedió muchas de sus tierras a la Iglesia romana.

347. **También invadió España**, que se había convertido en musulmana tras la invasión de los árabes en el siglo VII y principios del VIII.

348. **La única derrota militar de Carlomagno se produjo a manos de los musulmanes** (conocidos como moros) en la batalla del Paso de Roncesvalles, en el 778.

349. **Carlomagno libró guerras en la actual Alemania**, donde expulsó a los pueblos paganos y difundió el cristianismo.

350. **Desempeñó un papel fundamental en la introducción del cristianismo en muchas partes de Europa**, lo que unió a Europa tras siglos de división.

351. **A veces, utilizaba tácticas crueles para conseguir que la gente se convirtiera**. Por ejemplo, dijo a los sajones que o se bautizaban en la fe cristiana o morían.

352. **Durante la infame masacre de Verden, por ejemplo,** Carlomagno ejecutó a miles de sajones que se negaron a convertirse al cristianismo, en octubre del 782.

353. **Conquistó gran parte de la actual Alemania occidental.** Trasladó su capital a la ciudad alemana de Aquisgrán, donde fue enterrado en el 814.

354. **Carlomagno reunificó gran parte de Europa occidental** y fue reconocido como el primer emperador de Europa tras la caída del Imperio romano.

355. **El papa León III coronó a Carlomagno en Roma el día de Navidad del año 800, concediéndole el título de emperador de los romanos.** Esta medida molestó al Imperio bizantino, que se veía a sí mismo como la continuación del Imperio romano.

356. **Esta coronación marcó el inicio de lo que hoy se conoce como Sacro Imperio Romano Germánico,** aunque pasaron varios siglos antes de que tuviera un gobierno estable sucesivo.

357. **Poco después de ser coronado emperador, Carlomagno** se aseguró de que cada región que gobernaba tuviera leyes acordes a sus necesidades.

358. **Creó escuelas por toda Europa para educar a los estudiantes en religión**, administración, economía y otras materias.

359. **Durante siglos, ningún gobernante fue capaz de controlar tanto territorio en Europa occidental como Carlomagno,** algo que es testimonio de sus increíbles logros.

Historia de Europa

360. **También creó el primer sistema fiscal exitoso en Europa desde la caída de Roma**, que se utilizó durante siglos después.

361. **Su próspero reinado marcó el inicio de lo que se conoce como el Renacimiento carolingio,** un periodo de gran renacimiento cultural e intelectual tras la caída de Roma.

362. **El arte carolingio, por ejemplo, se producía en las instituciones religiosas de Carlomagno y sus herederos** y era la forma más elevada de arte cristiano en toda Europa en esa época.

363. **Es apodado el «padre de Europa»** debido a sus impresionantes logros en la reunificación de Europa.

364. **Le sucedió su hijo, Luis el Piadoso. Luego, el Imperio carolingio** fue dividido por los nietos de Carlomagno y desapareció.

365. **Los estados sucesivos, Francia Oriental y Occidental, evolucionaron hasta convertirse en el Sacro Imperio Romano Germánico y Francia durante la Baja Edad Media.**

La Alta Edad Media en la Historia de Europa (1000-1350 d. C.)

Veinticinco datos interesantes sobre la economía, la cultura y la tecnología europea durante la Alta Edad Media. Descubra por qué esta época fue tan importante.

366. **La Alta Edad Media fue un periodo de crecimiento y progreso para la economía y la población europea,** que pasó de unos cuarenta millones de habitantes a más de setenta millones.

367. **Durante este periodo, las estructuras políticas y sociales de Europa comenzaron a estabilizarse tras la inestabilidad de la Temprana Edad Media,** con la formación de nuevos reinos por todo el continente.

368. **El Imperio carolingio se dividió con el Tratado de Verdún, en el siglo IX,** dando lugar al Reino de Francia y al Sacro Imperio Romano Germánico.

369. **Guillermo el Conquistador fue un gobernante normando que conquistó Inglaterra en 1066.** Este acontecimiento se conoce como la Conquista Normanda.

370. **La monarquía inglesa se desarrolló durante los siglos siguientes y el punto de inflexión se produjo en 1215, cuando el rey Juan I de Inglaterra firmó la Carta Magna**, que garantizaba ciertos derechos a los ciudadanos, como un juicio justo.

371. **Durante la Alta Edad Media se crearon las primeras universidades. En estas instituciones se enseñaba gramática latina**, retórica, astronomía, solfeo y medicina, entre otras materias.

372. **La primera universidad de Europa fue la de Bolonia**, que se fundó en 1088 y sigue funcionando en la actualidad.

373. **Los europeos lucharon en las Cruzadas en un intento por recuperar el control de Jerusalén y otras zonas que habían sido conquistadas por las fuerzas musulmanas siglos antes.** La Primera Cruzada comenzó en 1096, y la última tuvo lugar en 1271.

374. **La Alta Edad Media vio el ascenso de poderosos monarcas, como el rey Felipe II de Francia y Ricardo I de Inglaterra.** Estos gobernantes extendieron su poder sobre grandes áreas.

375. **El cristianismo siguió extendiéndose por Europa**, llegando a Europa oriental y Escandinavia en el siglo X.

376. **De hecho, fue durante esta época cuando el cristianismo se convirtió en una parte esencial de Europa**, gracias a los esfuerzos previos de Carlomagno y a la rápida cristianización de los pueblos de Europa central y oriental durante la Baja y la Alta Edad Media.

377. **Los pueblos magiares organizaron su propio reino, el Reino de Hungría,** hacia el año 1000. Adoptaron el cristianismo.

378. **Las ciudades comenzaron a desarrollarse rápidamente y el comercio aumentó entre las poblaciones de toda Europa.**

379. **En las ciudades-estado italianas surgió una primera forma de banco durante este periodo debido al aumento de la actividad mercantil y a la acumulación de riqueza.** El Banco de Venecia se estableció oficialmente en 1587.

380. **La tecnología militar mejoró enormemente. Los caballeros llevaban resistentes armaduras hechas con placas de metal unidas con remaches o correas de cuero.** ¡Podían pesar hasta sesenta libras!

381. **La arquitectura gótica se populariza en toda Europa durante el siglo XII.** Este estilo es conocido por sus grandes vidrieras y sus altas agujas que se elevan hacia el cielo.

382. **La Alta Edad Media fue uno de los periodos políticamente más turbulentos y violentos de la historia europea.** Durante esta época se libraron muchas guerras destructivas, como la guerra de los Cien Años entre Inglaterra y Francia.

383. **La invención del reloj mecánico mejoró la navegación,** permitiendo medir el tiempo con más precisión que nunca.

384. **Durante este periodo se fundaron muchas órdenes religiosas, como los franciscanos y los dominicos**, que trataban de extender el cristianismo por Europa.

385. **Las traducciones al latín de las obras de los sabios árabes permitieron ampliar los conocimientos científicos** y revolucionaron la medicina y la ciencia europea.

386. **Se cree que Marco Polo viajó a China en el siglo XIII,** llevando de vuelta relatos de tierras exóticas repletas de especias y sedas, lo que impulsó el crecimiento del comercio entre Oriente y Occidente.

387. **La literatura floreció durante esta época, donde surgieron autores famosos como Geoffrey Chaucer,** que escribió *Los cuentos de Canterbury*; Dante Alighieri, que escribió *La Divina Comedia*; y Tomás de Aquino, que escribió *La Suma Teológica*.

388. **Durante la Alta Edad Media comenzaron a formarse gremios,** organizaciones que ayudaban a proteger los derechos de los trabajadores y a regular el comercio entre las ciudades.

389. **A mediados del siglo XIV, Europa se vio asolada por el brote de la peste bubónica. Fue conocida como la gran peste,** pero su nombre más popular es la peste negra.

390. **Se cree que la peste negra causó la muerte de un tercio de la población europea**. Supuso un gran retraso en el desarrollo tecnológico, cultural y social.

El Renacimiento
(siglos XIV-XVII)

El Renacimiento fue un periodo de profundos cambios culturales, artísticos y científicos que se extendió por Europa entre los siglos XIV y XVII. Esta sección explora veinticinco datos interesantes sobre este período, uno de los más influyentes de la historia europea.

391. **El Renacimiento fue un periodo de la historia europea que duró desde finales del siglo XIV hasta el siglo XVII.** Marcó una época de renacimiento cultural en el arte, la literatura, la arquitectura y otros aspectos de la vida.

392. **Italia estuvo en el centro de este movimiento**, y ciudades como Florencia desempeñaron un papel importante en su desarrollo.

393. **El Renacimiento siguió a un periodo de gran inestabilidad y agitación en Europa, conocido como la Crisis de la Baja Edad Media,** una serie de acontecimientos que provocaron el colapso político y socioeconómico durante los siglos XIII y XIV.

394. **Durante el Renacimiento surgieron nuevas ideas, como el humanismo**, que consideraba a los seres humanos, y no a Dios o al destino, responsables de sus acciones y su vida.

395. **Muchos de los antiguos textos romanos y griegos que se habían perdido** o solo habían sido accesibles para el clero fueron redescubiertos durante el Renacimiento.

396. **El redescubrimiento de textos antiguos inauguró un periodo de gran aprendizaje**, que se manifestó en casi todos los campos de la vida.

397. **La palabra «*Renaissance*» significa «renacimiento».** El término hace referencia al renacimiento de las antiguas ideas griegas y romanas.

398. **Varias familias ricas de Italia surgieron como mecenas de artistas prometedores**, entre las que destaca la familia florentina de los Medici, que financió los proyectos de artistas como Miguel Ángel.

399. **Durante esta época, los artistas comenzaron a utilizar técnicas como la perspectiva para crear pinturas más realistas** que captaban la belleza de la naturaleza y de los seres humanos mejor que nunca.

400. **Anteriormente, el arte solo se centraba en representar figuras religiosas y carecía de carácter y narración.** Durante el Renacimiento, se centró en el cuerpo humano, remontándose al estilo griego clásico.

401. **Entre los artistas famosos del Renacimiento se encuentran Miguel Ángel, Leonardo da Vinci y Rafael**, que crearon maravillosas obras de arte y esculturas que siguen deslumbrando a quien las ve en nuestros días.

402. **La imprenta fue inventada en Alemania durante el Renacimiento por Johannes Gutenberg** y permitió que se agilizara la difusión de los libros, que antes se hacía en copias manuscritas.

403. **En el Renacimiento se inventaron nuevos instrumentos, como el violín y el clavicordio,** que permitieron crear composiciones musicales más complejas.

404. **Científicos como Galileo Galilei comenzaron a utilizar telescopios para estudiar las estrellas en detalle,** lo que llevó a Galileo a descubrir cuatro lunas orbitando Júpiter.

405. **Muchos países fomentaron la exploración. Cristóbal Colón realizó su famoso viaje** a través del océano Atlántico en 1492.

406. **Se actualizaron los sistemas educativos y las universidades comenzaron a enseñar valores humanistas, artes y ciencias**, además de teología y matemáticas.

407. **El Renacimiento se extendió lentamente desde Italia a Europa central, occidental y septentrional.** Diferentes regiones experimentaron el Renacimiento en diferentes momentos. No fue un movimiento singular en toda Europa.

408. **En Italia, poderosas familias de mercaderes como los Medici fueron mecenas de las artes** y financiaron muchos proyectos en Florencia y Roma.

409. **La Iglesia católica encargó a artistas la creación de piezas para diferentes residencias y palacios papales.** El encargo más famoso de la Iglesia es probablemente la pintura de Miguel Ángel en el techo de la Capilla Sixtina.

410. **El Renacimiento estuvo lleno de escritores famosos, como Nicolás Maquiavelo y William Shakespeare.**

411. **La arquitectura cambió y los constructores comenzaron a usar técnicas innovadoras de influencia clásica griega y romana**, como el uso de arcos simétricos, cúpulas, pilares y columnas.

412. **La gente empezó a interesarse por el estudio de la naturaleza a través de la observación en lugar de confiar en la superstición o la religión**, lo que finalmente condujo a los métodos científicos modernos.

413. **Leonardo da Vinci estudió la anatomía humana diseccionando cuerpos humanos y de animales.** Aunque nunca terminó su libro sobre anatomía, sus ideas ayudaron a los científicos posteriores a hacer descubrimientos sobre el cuerpo humano.

414. **En el Renacimiento se inventaron nuevas armas**, como los cañones y las pistolas, que cambiaron la forma de luchar en las guerras.

415. **Se abrieron nuevas rutas comerciales entre Europa, África y Asia**, lo que permitió que mercancías como las especias fueran más accesibles en los mercados europeos.

La Reforma
(siglo XVI)

El siglo XVI fue un periodo de profundas transformaciones en toda Europa y la Reforma ocupó un lugar central. En esta sección, se exploran veinte hechos interesantes sobre la Reforma.

416. **La Reforma protestante fue un importante movimiento religioso en Europa durante el siglo XVI**, que provocó la escisión de la Iglesia católica.

417. **La Reforma comenzó cuando Martín Lutero, un monje alemán y profesor de teología,** publicó sus *Noventa y cinco tesis* el 31 de octubre de 1517, con las que desafió las prácticas corruptas de la Iglesia católica.

418. **Antes de Lutero hubo en Europa otros movimientos reformistas, relativamente menores, liderados por figuras como Juan Wycliffe en Inglaterra y el checo Jan Hus.**

419. **Lutero escribió inicialmente las *Noventa y siete tesis*, que tenían un punto de vista más teológico.** Esta obra es en gran parte ignorada, ya que las *Noventa y cinco tesis* iniciaron una revolución.

420. **La Reforma protestante se extendió por Alemania y otras partes de Europa** durante las siguientes décadas.

421. **La Reforma fue liderada por Lutero y otras figuras influyentes, como Ulrico Zwinglio en Suiza y Juan Calvino en Francia.**

422. **Uno de los problemas de Lutero con la Iglesia católica era que se había vuelto cada vez más poderosa y rica** y usaba su influencia sobre los cristianos comunes de Europa, que creían todo lo que la Iglesia les decía.

423. **A Lutero le preocupaba sobre todo la práctica de las indulgencias. Durante la Edad Media,** la gente podía ir a la iglesia y pagar para que absolvieran sus pecados.

424. **Lutero quería que sus seguidores leyeran y comprendieran las Escrituras para encontrar los verdaderos valores cristianos.** No quería que escucharan solo lo que predicaba la Iglesia católica.

425. **Los reformadores también reconocieron que muchos miembros del clero católico eran cada vez menos versados en la doctrina y teología cristianas,** así como en su dominio del latín.

426. **La doctrina de Lutero de la justificación solo por la fe tuvo una gran influencia.** Esta idea afirmaba que la verdadera fe de un individuo lo justificaba a los ojos de Dios.

427. En 1521, **Martín Lutero fue excomulgado de la Iglesia católica.**

428. **Lutero consiguió difundir sus controvertidas ideas muy rápidamente gracias a la recién inventada imprenta.**

429. Durante este período, **se hicieron traducciones de *la Biblia* en múltiples idiomas para que la gente pudiera leerla por sí misma** e interpretar los pasajes de manera diferente a lo que tradicionalmente enseñaban en las iglesias.

430. **La Reforma trajo consigo un periodo de guerras religiosas en Europa entre católicos y protestantes**, con miles de muertos como resultado.

431. **La libertad y la tolerancia religiosa se volvieron más comunes después de la Reforma.** Todos querían tener la libertad de elegir su religión.

432. **En Francia, España e Italia, la Iglesia católica seguía siendo más dominante.**

433. **La mayoría de los lugares de Alemania, Escandinavia, los Países Bajos e Inglaterra se convirtieron a diferentes formas de protestantismo.**

434. En Inglaterra, el rey Enrique VIII se autoproclamó cabeza de la Iglesia, lo que hizo que la nación adoptara el anglicanismo (una forma de protestantismo).

435. Otros países crearon sus propias iglesias nacionales, como el luteranismo o el presbiterianismo, dependiendo de los gobernantes de cada región.

436. La Reforma tuvo un gran impacto en el arte. Los artistas empezaron a crear obras que hacían hincapié en temas e historias religiosas, a menudo en marcado contraste con las obras de arte católicas tradicionales, que se centraban más en santos o personajes bíblicos.

437. La música se vio muy afectada por la Reforma. Los compositores crearon himnos con letras tomadas directamente de las Escrituras para que los laicos pudieran cantar mientras adoraban a Dios en casa o en los servicios religiosos.

438. La Iglesia católica respondió al protestantismo intentando reformarse a sí misma, dando lugar a lo que hoy se conoce como **Contrarreforma o Reforma católica**. Este movimiento trajo consigo nuevas leyes, cambios institucionales y reformas educativas.

439. Las ideas que comenzaron con los escritos de **Lutero pronto encontraron su camino en la política**. En los círculos elitistas se empezó a hablar de una mayor expresión de las libertades individuales, algo que desembocó en el surgimiento de la democracia.

440. A partir de finales del siglo XVI, **muchos conflictos militares entre varios estados estuvieron motivados por diferencias religiosas, y las naciones protestantes y católicas** se alzaron en armas unas contra otras.

La guerra de los Treinta Años
(1618-1648)

La guerra de los Treinta Años fue una de las más largas y destructivas de la historia europea. Este capítulo explora este gran conflicto con veinte datos interesantes sobre cómo empezó, quién luchó en él y cómo se resolvió.

441. **La guerra de los Treinta Años fue un gran conflicto entre los países católicos y protestantes de Europa.** Fue el último gran conflicto europeo que comenzó por motivos religiosos.

442. **Comenzó cuando el rey de Bohemia y emperador del Sacro Imperio Romano Germánico, Fernando II, intentó imponer el catolicismo a todos sus súbditos, en 1618.**

443. **Los nobles protestantes del imperio iniciaron una rebelión, de la que Fernando se encargó.**

444. En 1625, **Dinamarca declaró la guerra al Sacro Imperio Romano Germánico, con la esperanza de apoyar a los príncipes alemanes en su causa anticatólica.** Así mismo, Suecia declaró la guerra al Sacro Imperio Romano Germánico en 1629.

445. **La decisión del emperador Fernando fue muy controvertida, ya que la Paz de Augsburgo de 1555 había garantizado a los príncipes alemanes el derecho a practicar el catolicismo o el protestantismo.**

446. **La guerra arrastró a otros reinos como Francia, España y Polonia.** Estas naciones se aliaron con los príncipes alemanes para aprovechar la inestabilidad y debilitar al Sacro Imperio Romano Germánico o se unieron a este para luchar por el catolicismo.

447. **En el punto álgido de la guerra, participaron casi todos los estados importantes de Europa, con Inglaterra como notable excepción.**

448. **La guerra duró treinta años** (1618-1648), lo que la convierte en una de las más largas de la historia europea.

449. **Causó una destrucción generalizada en toda Alemania**, provocando hambrunas, enfermedades y la pérdida de hasta el 40 % de la población.

450. **La Paz de Westfalia puso fin a esta guerra al conceder la libertad religiosa en Europa central**, lo que permitió a más personas practicar su fe abiertamente sin persecuciones ni interferencias de los gobernantes.

451. **Este tratado también dio inicio al fin del feudalismo en Europa** y permitió el desarrollo de estados-nación más fuertes.

452. **La Paz de Westfalia estableció fronteras internacionales que en gran medida permanecen intactas hoy en día**, como las que existen entre Francia, Alemania, Austria y Suiza.

453. **La guerra se libró principalmente en suelo alemán**, pero tuvo importantes repercusiones en otros países europeos.

454. **Una de las figuras más famosas que surgió de este conflicto fue el rey Gustavo Adolfo de Suecia,** considerado uno de los mejores generales de la historia.

455. **En la guerra de los Treinta Años se produjeron innovaciones militares, como el uso de formaciones de picas**, mejores tácticas de artillería y mejores técnicas de guerra de asedio.

456. **Comenzó un periodo conocido como la era de las monarquías absolutas**. Los gobernantes tenían más poder sobre sus ciudadanos que nunca, lo que les permitía recaudar impuestos y formar ejércitos con poca supervisión de otros órganos de gobierno o de los propios ciudadanos.

457. **En esta guerra se introdujeron ejércitos profesionales** pagados con impuestos, en lugar de voluntarios o reclutas.

458. **La guerra ayudó a iniciar una era conocida como la Ilustración**, un periodo en el que los filósofos empezaron a cuestionar las viejas ideas sobre la política y la sociedad.

459. **La guerra de los Treinta Años causó decenas de miles de bajas en todos los bandos y** se estima que hasta un millón de personas murieron a causa de la guerra y las enfermedades, lo que la convierte en la guerra más letal de la historia europea hasta ese momento.

460. **La guerra de los Treinta Años se considera el primer gran conflicto de la historia de Europa** librado por las grandes potencias.

La era de las exploraciones
(siglos XV-XVII)

La era de las exploraciones fue un periodo marcado por notables descubrimientos, avances en la tecnología de la navegación y redes comerciales entre distintos países. Este capítulo explora veinticinco datos interesantes sobre esta época. ¡Prepárese para un apasionante viaje al pasado!

461. **La era de las exploraciones fue un período comprendido entre los siglos XV y XVII** en el que se exploraron nuevas tierras y océanos en busca de comercio, riqueza y conocimiento.

462. **La caída de Constantinopla en 1453 llevó a los países europeos a buscar nuevas rutas hacia Oriente, ya que los otomanos les cerraron el acceso a la Ruta de la Seda.**

463. **Muchos países europeos compitieron entre sí para reclamar tierras y establecer colonias** en los territorios recién descubiertos.

464. **Muchos consideran el viaje de Cristóbal Colón como el inicio de la era de las exploraciones.** Sin embargo, no fue el primer europeo en llegar a América. Leif Erikson, un vikingo, había llegado a América del Norte unos mil años antes de que Colón zarpara.

465. **El explorador portugués Vasco da Gama fue la primera persona en navegar directamente de Europa a la India**, alcanzando el subcontinente en 1498, tras viajar por la costa africana hasta la costa occidental de la India a través de la ruta del océano Índico, que había descubierto durante sus exploraciones.

466. **Un navegante italiano llamado Américo Vespucio fue quien advirtió que Colón no había descubierto Asia**, sino que había llegado a América continental.

467. **¡Las Américas deben su nombre a Américo Vespucio!**

468. **Fernando de Magallanes dirigió una flota de barcos en un viaje épico que dio la vuelta al mundo en 1522.** Su tripulación se convirtió en la primera en dar la vuelta al mundo en barco.

469. **Magallanes no sobrevivió al viaje y murió en Filipinas.**

470. **Hernán Cortés fue un conquistador español que reclamó México para España** en 1521 tras derrotar al líder azteca Moctezuma II.

471. **Francisco Pizarro conquistó Perú a los incas en 1533** con solo unos cientos de hombres a su disposición.

472. **Las potencias europeas tenían una enorme ventaja sobre los nativos gracias a su avanzada tecnología militar.** Disponían de pistolas y cañones y llevaban armaduras pesadas, mientras que los nativos se defendían con arcos y lanzas.

473. **Los nativos también fueron diezmados por las enfermedades europeas**, que redujeron el número de personas que podían luchar.

474. **Algunas de las principales enfermedades que se propagaron fueron la viruela, el sarampión y la gripe.** Se cree que hasta el 95 % de los nativos americanos murieron de enfermedades o a causa de los conflictos.

475. **Las potencias europeas, como Portugal, España, Inglaterra y Francia, exploraron nuevas tierras en busca de recursos como oro y especias,** que se vendían a altos precios, haciendo más ricos a estos países.

476. **Los portugueses establecieron puestos comerciales o fortalezas en África, India y China**, lo que les permitió acceder a valiosos recursos.

477. **España se convirtió en el imperio de ultramar más dominante durante los primeros tiempos de la era de las exploraciones.**

478. **Las posesiones españolas incluían gran parte de América del Norte, Central y del Sur, además de Filipinas.**

479. **Francia, Gran Bretaña y los Países Bajos se convirtieron luego en los colonizadores europeos dominantes**, siguiendo los pasos de portugueses y españoles.

480. **Los misioneros jesuitas viajaron a estas nuevas tierras, difundiendo el cristianismo en los lugares que visitaban.**

481. **En Norteamérica, los emigrantes británicos establecieron pequeñas colonias centradas** en sus confesiones protestantes.

482. **La globalización comenzó gracias a estas exploraciones, ya que permitió la difusión de nuevas ideas**, productos, tecnología y religión.

483. **Los mapas se hicieron más precisos gracias a los datos recogidos por los navegantes durante sus viajes.**

484. **Los esclavos africanos eran capturados y luego transportados a través del Atlántico o del océano Índico,** donde eran vendidos como esclavos y utilizados como mano de obra o trabajadores domésticos en las colonias europeas.

485. **La era de las exploraciones trajo consigo notables avances en la tecnología de la navegación**, como la mejora del diseño de los barcos y de herramientas de navegación, como el astrolabio.

La Revolución Científica
(siglo XVII)

La Revolución Científica del siglo XVII trajo consigo inmensos cambios en la comprensión y los descubrimientos científicos. Estos veinte datos interesantes arrojan luz sobre los principales descubrimientos que se realizaron y sobre algunos de los científicos influyentes de este periodo.

486. **La Revolución Científica es un periodo de la historia europea que tuvo lugar principalmente durante los siglos XVI y XVII**, cuando se impuso una nueva visión de la ciencia y del pensamiento científico, libre de filosofía y religión y basado en el método científico.

487. **Científicos como Galileo, Johannes Kepler e Isaac Newton** lograron enormes avances en la comprensión del mundo que les rodeaba. Utilizaron la observación y la experimentación en lugar de basarse en textos antiguos o supersticiones.

488. **En 1610, Galileo utilizó su telescopio para observar cuatro lunas en órbita alrededor de Júpiter;** les puso nombres de figuras de la mitología griega.

489. **Johannes Kepler descubrió tres leyes del movimiento que ayudaron a explicar por qué los planetas se mueven en forma elíptica alrededor del sol** y no en círculos perfectos, como se creía desde la antigüedad.

490. **Isaac Newton desarrolló el cálculo, que permitió realizar cálculos más precisos al estudiar el movimiento**, como la gravedad y las fuerzas que actúan sobre los objetos.

491. **Newton desarrolló su famosa ley de la gravitación universal**, afirmando que todos los objetos se atraen entre sí en función de su masa a través de la fuerza gravitatoria.

492. **Estas nuevas ideas se difundieron por toda Europa gracias a los avances en la tecnología de la imprenta**, que permitió publicar los trabajos de los científicos para un público más amplio.

493. **Al final de la Revolución Científica**, los científicos empezaron a utilizar hipótesis y teorías como herramienta para comprender mejor la naturaleza.

494. En el siglo XVII, **William Harvey descubrió cómo circulaba la sangre en el cuerpo humano experimentando con animales como perros y pollos.**

495. **Robert Boyle desarrolló una ley llamada Ley de Boyle,** que establece que la presión y el volumen de los gases están relacionados. Más tarde, se conoció como una de las leyes más importantes de la física.

496. **Antonie Van Leeuwenhoek utilizó el microscopio que inventó para observar por primera vez bacterias**, glóbulos rojos, espermatozoides, capilares y otros pequeños organismos.

497. **Antoine Lavoisier es considerado el padre de la química moderna** debido a su desarrollo de la nomenclatura química (nombres) y de métodos como la oxidación, que cambiaron la forma de estudiar la materia.

498. **William Gilbert estudió a fondo el magnetismo y la electricidad**. Escribió un libro sobre el tema llamado *De Magnete*, que ayudó a otros a entender cómo estas fuerzas trabajaban juntas.

499. **Francis Bacon desarrolló un enfoque de la investigación científica conocido como empirismo,** que consiste en utilizar la observación y la experimentación en lugar de basarse únicamente en textos antiguos o supersticiones para encontrar respuestas sobre los fenómenos naturales.

500. **Blaise Pascal realizó importantes contribuciones a las matemáticas y la física**, siendo uno de los más acérrimos defensores del método científico.

501. **René Descartes es famoso sobre todo por su idea de «*cogito ergo sum*»,** o «pienso, luego existo», aunque también realizó importantes contribuciones al campo de las matemáticas a través de su desarrollo de la geometría cartesiana o analítica.

502. **Ole Roemer desarrolló una nueva forma de medir la longitud** que mejoró la navegación. También estudió la velocidad de la luz e hizo cálculos sobre el movimiento de la Tierra alrededor del Sol.

503. **Instituciones como la Academia Francesa de Ciencias de París y la Real Sociedad de Londres para la Mejora del Conocimiento Natural** aceleraron la investigación científica y ayudaron a poner el conocimiento a disposición de las masas.

504. **Todos estos nuevos descubrimientos cuestionaron la fuerza y la legitimidad de las antiguas instituciones,** sobre todo de la Iglesia.

505. **Aunque las mujeres hicieron algunas contribuciones importantes, no se les permitía formar parte de las sociedades prestigiosas.** Una pensadora importante de esta época fue Maria Sibylla Merian, cuyas investigaciones sobre los insectos condujeron al descubrimiento de los ciclos vitales.

El Siglo de las Luces
(siglo XVIII)

El Siglo de las Luces fue un periodo en el que muchas personas rechazaron la autoridad tradicional y abrazaron el conocimiento obtenido a través de la ciencia y la razón. Este capítulo explora veinte hechos sobre el impacto que el Siglo de las Luces tuvo en la sociedad.

506. **El Siglo de las Luces duró desde finales del siglo XVII hasta principios del siglo XIX.** Fue una época en la que muchas personas cuestionaron la autoridad y la tradición porque creían que el conocimiento debía obtenerse a través de la razón y la ciencia.

507. **Comenzó en Europa, pero se extendió por todo el mundo, especialmente en lugares como Norteamérica y Sudamérica.**

508. Durante esta época **surgieron nuevas ideas sobre el gobierno, la religión, la ciencia y la filosofía.**

509. **René Descartes fue un pensador importante que ayudó a iniciar el Siglo de las Luces con su *Discurso del Método* (1637).**

510. **Entre las figuras célebres de este periodo se encuentran Voltaire, Jean-Jacques Rousseau, Benjamin Franklin y Thomas Jefferson.** Estos pensadores ayudaron a dar forma a la sociedad moderna con sus escritos y su filosofía sobre la vida.

511. **Los periódicos circularon ampliamente durante el Siglo de las Luces**, lo que permitió el debate entre los ciudadanos y condujo a cambios en la forma de gobernar en toda Europa.

512. **Muchos pensadores de la Ilustración creían en la tolerancia religiosa y en la libertad de expresión,** considerándolas derechos humanos naturales.

513. **Se creó mucho arte que simbolizaba nuevos valores relacionados con los derechos humanos, como la libertad o el patriotismo.** Entre estas obras se encontraban cuadros como *La muerte de Marat* (1793), de Jacques Louis David; y *El tres de mayo* (1808), de Francisco de Goya.

514. **Se desarrollaron nuevas ideas sobre la educación que daban más importancia al aprendizaje individual y la capacidad de pensamiento crítico** que a la memorización o el catecismo.

515. **El Siglo de las Luces tuvo una gran influencia en la Revolución estadounidense, la Revolución francesa** y otras revueltas políticas en Europa durante y después de este periodo.

516. **Muchos países intentaron adoptar gobiernos constitucionales para sustituir a las monarquías, aunque tardaron tiempo en conseguirse.** El pueblo empezó a creer más en la democracia que en el poder absoluto.

517. **Los Estados Unidos de América se separaron de Gran Bretaña**, declarando su independencia del dominio colonial y estableciendo su propio sistema de leyes basado en los principios de la filosofía de la Ilustración.

518. **En esta época aumentó la alfabetización.** El acceso a los libros era más fácil gracias al abaratamiento de los métodos de impresión.

519. **Muchos filósofos creían en el poder del pensamiento lógico y del debate** para responder a las preguntas sobre la vida y la sociedad.

520. **La importancia de la razón y el pensamiento racional eran algunos de los valores que se habían perdido en gran medida tras la caída del Imperio romano.**

521. **Los derechos humanos empezaron a discutirse más seriamente durante este periodo**, lo que llevó a reformas como la abolición del comercio de esclavos en algunas partes de Europa, aunque no en todas.

522. **Los cafés eran populares entre los intelectuales**, que se reunían allí para debatir ideas de política, ciencia y otros temas mientras disfrutaban de sus bebidas.

523. **La colonia de Australia se estableció en 1788. Los prisioneros británicos** eran enviados allí en lugar de ser encarcelados en su país de origen.

524. **En este período se produjo un aumento de la educación pública**, lo que permitió que más personas tuvieran acceso al conocimiento y a las oportunidades de aprendizaje.

525. **Un filósofo importante fue John Locke,** que creía que la mente era una tabula rasa al nacer y que el conocimiento provenía únicamente de la experiencia.

La Revolución Industrial
(siglos XVIII-XIX)

La Revolución Industrial marcó un punto de inflexión en la historia de la humanidad. En esta sección se analiza más de cerca este periodo a través de veinte hechos interesantes sobre cómo trabajaba y vivía la gente, así como algunas de las innovaciones tecnológicas de este período.

526. **La Revolución Industrial comenzó en Gran Bretaña a finales del siglo XVIII.** Fue un periodo de nuevos inventos y tecnologías que hicieron que las máquinas fueran más potentes y rápidas que nunca.

527. **Durante la Revolución Industrial se construyeron fábricas para producir bienes más baratos y más rápido que antes.** Esto permitió a la gente comprar cosas que antes no podía permitirse.

528. **Para hacer funcionar estas fábricas se utilizaba carbón y vapor.**

529. **Se crearon miles de puestos de trabajo** y muchas personas se trasladaron de las granjas a las ciudades en busca de nuevas oportunidades.

530. **Los textiles como el algodón y la lana se convirtieron en grandes industrias durante esta época.** Las fábricas sustituyeron a la ropa hilada a mano y producida en casa o en pequeños telares.

531. **Innovaciones como la desmotadora de algodón permitieron a los agricultores producir mayores cantidades de algodón mucho más rápido que antes.** Esto hizo que bajaran los precios y que la ropa fuera más accesible para todas las clases sociales.

532. **El ferrocarril se convirtió en un importante medio de transporte, tanto para las materias primas necesarias para la producción industrial como para los productos acabados.**

533. **Las nuevas fuentes de energía, como el fuel**, permitían a los barcos transportar mercancías por todo el mundo más rápidamente.

534. **El desarrollo de una técnica llamada proceso Bessemer hizo posible la producción masiva de acero,** que se utilizó en muchos nuevos inventos y máquinas durante esta época.

535. **El telégrafo cambió la forma de comunicación**. A este invento le siguió la invención del teléfono por parte de Alexander Graham Bell.

536. **La Revolución Industrial supuso un aumento de la esperanza de vida**, ya que los avances en medicina permitieron el acceso a una mejor asistencia sanitaria a un mayor número de personas.

537. **Muchas mujeres encontraron nuevas oportunidades de trabajo en fábricas o molinos**. En esta época existía una gran desigualdad entre hombres y mujeres y cuando estas últimas se convirtieron en parte importante de la mano de obra tomaron fuerza los movimientos sufragistas.

538. **Las tasas de inmigración aumentaron significativamente durante este periodo**, con millones de europeos viajando en busca de nuevos trabajos y oportunidades. Muchos europeos se trasladaron a Estados Unidos.

539. **La Revolución Industrial cambió la forma de comprar**. Las tiendas comenzaron a ofrecer una mayor variedad de productos y ampliaron las opciones de crédito para los clientes que no podían pagar por adelantado.

540. **Muchas herramientas se reemplazaron por máquinas que permitían tiempos de producción más rápidos con menos trabajadores necesarios,** lo que se tradujo en costos laborales más bajos que hicieron que muchos productos fueran asequibles para más gente.

541. **Los procesos de producción se estandarizaron, lo que permitió mejorar el control de calidad de los bienes producidos en masa**. Los consumidores sabían si lo que compraban era confiable.

542. **La iluminación por gas sustituyó a las velas y lámparas**, proporcionando fuentes de luz más seguras en los hogares y sin riesgo de incendios por llamas abiertas.

543. **La industrialización trajo consigo muchos inconvenientes**. Por ejemplo, en Europa se produjo un aumento de la contaminación debido a la quema de carbón, petróleo y otros materiales utilizados para la generación de energía.

544. **Los trabajadores de las fábricas a menudo tenían que trabajar muchas horas en condiciones peligrosas.** Recibían muy poca paga y tenían muy pocas medidas de seguridad.

545. En 1712, **James Watt inventó la máquina a vapor**. La energía del vapor se convirtió en la fuente de energía más popular para las máquinas y el transporte.

La Revolución francesa
(1789-1799)

La Revolución francesa fue uno de los periodos más turbulentos e influyentes de la historia europea. **En este capítulo**, se exploran treinta hechos interesantes sobre la revolución, incluyendo cómo comenzó, sus líderes significativos y sus impactantes reformas.

546. **Con la Revolución francesa, Francia pasó de ser una monarquía absoluta a una república con ideales democráticos.**

547. **Comenzó en 1787 se extendió hasta 1799, cuando Napoleón Bonaparte apareció en escena para tomar el control de Francia.**

548. **Los motivos generales de la revolución fueron los elevados impuestos y precios,** la pobreza, una crisis económica nacional y la difícil situación de la población campesina de Francia.

549. **El rey Luis XVI era una figura muy impopular.** Llevaba una vida extremadamente lujosa, al igual que los miembros de las altas esferas de la sociedad, lo que alimentó el descontento de los plebeyos.

550. **La revolución comenzó cuando el ministro de Finanzas francés convocó a los Estados Generales** para hacer frente a la crisis económica.

551. **Los Estados Generales eran el Primer Estado** (el clero), **el Segundo Estado** (la nobleza) y **el Tercer Estado** (los plebeyos).

552. **El Tercer Estado era el más numeroso, con seiscientos miembros**, mientras que el Primer y el Segundo Estado contaban con trescientos miembros cada uno. Sin embargo, cada estamento disponía de un solo voto.

553. **El Tercer Estado quería más poder, ya que era el grupo más numeroso**. Se autoproclamó un nuevo órgano, la Asamblea Nacional, que amenazó con proceder sin el consentimiento de los demás estamentos.

554. **La Asamblea Nacional juró no disolverse antes de haber dotado a Francia de una nueva constitución** y obligó a los demás miembros de los Estados Generales a unirse a ella.

555. El 14 de julio de 1789, en París, **miles de personas enfurecidas asaltaron la Bastilla, una prisión-fortaleza**. Buscaban pólvora y armas.

556. **Los franceses veían en la Bastilla un símbolo de la tiranía de la monarquía**. Todavía hoy se celebra el Día de la Bastilla.

557. **Tras asaltar la Bastilla, los revolucionarios formaron su propia fuerza armada, la Guardia Nacional,** con la intención de oponer mayor resistencia a los leales al trono.

558. **Escritores populares franceses, como Voltaire, escribieron historias satíricas** burlándose de los funcionarios del gobierno, lo que ayudó a alimentar el descontento público antes y durante la revolución.

559. **El rey Luis XVI intentó huir de París con su familia para organizar una contrarrevolución en junio de 1791,** pero fue arrestado en la pequeña localidad de Varennes, al noreste de la capital francesa.

560. **El nuevo régimen, dirigido por la Asamblea Nacional Constituyente, introdujo una serie de reformas que debilitaron a la nobleza y a la Iglesia.** Redistribuyó las tierras para pagar la deuda pública, otorgó nuevos derechos a las clases bajas e implantó un nuevo sistema administrativo para gobernar mejor el país.

561. La *Declaración de los Derechos del Hombre y del Ciudadano* afirmó que los valores universales de libertad, igualdad y fraternidad eran valores esenciales.

562. **La reina María Antonieta, esposa de Luis XVI, fue una firme opositora a la revolución.** También fue detenida cuando la familia real intentaba huir de Francia.

563. **María Antonieta es conocida por decir: «Que coman pastel»,** pero no hay pruebas de que alguna vez pronunciara estas palabras.

564. **En 1792, Francia se vio arrastrada a una guerra con las potencias europeas que deseaban poner fin a la revolución**, ya que amenazaba las posiciones de los monarcas absolutos en todo el continente.

565. **La guerra terminó con la derrota francesa**, pero la monarquía no fue restablecida por las potencias extranjeras.

566. **Durante la revolución, muchas facciones políticas diferentes, como los girondinos, los montañeses y los jacobinos**, lucharon por sus propias ideas de cómo debía ser la nueva Francia.

567. **En 1793, Luis XVI y María Antonieta fueron juzgados y ejecutados**, acusados de alta traición.

568. **Maximilien Robespierre alcanzó la fama durante la Revolución francesa.** Tomó duras medidas contra los sospechosos de estar en contra de la revolución.

569. **Robespierre dirigió su propio partido político llamado jacobino. Querían la igualdad ante la Ley,** pero también creían firmemente en la ejecución de cualquiera que se opusiera a su causa.

570. **El Reinado del Terror fue un periodo violento durante el cual cientos de miles de personas fueron arrestadas.** Miles murieron en la guillotina en un esfuerzo por «purificar» Francia. El propio Robespierre fue decapitado el 28 de julio de 1794.

571. En 1795 **se formó un nuevo gobierno llamado Directorio,** que estaba compuesto por cinco miembros que cogobernaban el Estado.

572. **Tras la formación del Directorio, un joven general llamado Napoleón Bonaparte** comenzó a destacar por sus victorias militares durante una campaña militar en Italia.

573. **Francia experimentó cambios culturales masivos durante la revolución.** Adoptó un nuevo himno nacional, adoptó el sistema métrico decimal, estableció la educación pública para todos los ciudadanos (incluidas las niñas) y abolió la esclavitud en sus colonias.

574. **Napoleón ganó mucha popularidad y el apoyo de sus propias tropas.** Él y algunos seguidores derrocaron al Directorio en 1799 en el golpe del 18 Brumario.

575. **El golpe abolió el Directorio e instauró el nuevo Consulado tripartito, con Napoleón a la cabeza,** dando paso a una nueva era en la historia europea.

Las guerras napoleónicas
(1803-1815)

Las guerras napoleónicas fueron una serie de batallas libradas entre muchos países de Europa. Esta sección explora treinta hechos sobre este periodo, incluyendo los países implicados y cómo los conflictos impactaron en Europa.

576. **Las guerras napoleónicas se refieren a una serie de campañas militares libradas entre 1803 y 1815.** Estos conflictos enfrentaron a Francia con otros estados europeos, principalmente Gran Bretaña, Austria, Rusia, Prusia, Portugal, España y Suecia.

577. Tras convertirse en primer cónsul con el golpe de 18 Brumario, **Napoleón asumió el control casi total de la Francia revolucionaria en 1799.**

578. **Tras acceder al poder, Napoleón puso en marcha una serie de reformas políticas y económicas** que reforzaron su posición y ayudaron a Francia a recuperarse de los terribles acontecimientos que había sufrido durante la Revolución francesa.

579. **Napoleón reorganizó el ejército francés, introduciendo nuevas leyes de reclutamiento y alistamiento y haciéndolo mucho más fuerte que antes.** También decidió dirigir personalmente el ejército.

580. En 1803, **Gran Bretaña declaró la guerra a Francia**, tras constatar el reciente ascenso de Francia y el interés declarado de Napoleón por extender los ideales de la Revolución francesa en el resto de Europa.

581. En octubre de 1805, **las fuerzas navales francesas fueron aplastadas por las británicas en la batalla de Trafalgar**. Esta batalla es conocida por **la muerte de Horatio Nelson**, que se convirtió en una leyenda británica.

582. **Napoleón logró una gran victoria contra un ejército combinado austro-ruso en la batalla de Austerlitz** a finales de 1805. Esta batalla condujo a la creación de la **Confederación del Rin,** que finalmente condujo al fin del **Sacro Imperio Romano Germánico.**

583. **La Marina Real Británica, que era una de las más poderosas del mundo** en aquella época, evitó que Napoleón se lanzara a la invasión de Gran Bretaña.

584. **Napoleón derrotó a las coaliciones austriaca, prusiana, alemana, sueca y rusa** hasta hacerse con el control de la mayor parte de Europa occidental y central en 1809.

585. En 1807, **Napoleón dirigió una invasión a Portugal, aliado de Gran Bretaña, y ocupó Lisboa.**

586. **Napoleón depuso al rey español e instaló a su hermano como nuevo rey de España en 1808.**

587. **Se produjo una revuelta generalizada en Iberia, donde gran parte de las fuerzas de Napoleón fueron atacadas durante seis años**, teniendo que luchar contra la feroz oposición de guerrilleros españoles y portugueses hasta su derrota final en 1814.

588. **Napoleón organizó un bloqueo llamado Sistema Continental contra Gran Bretaña**, que limitaba la capacidad de los estados europeos para comerciar con los británicos. Napoleón quería debilitar económicamente a su rival.

589. En 1812, **Rusia supuestamente rompió su compromiso como miembro del Sistema Continental, por lo que Napoleón quiso invadir Rusia** con un ejército de más de 600.000 soldados.

590. **La invasión de Rusia fue su mayor error. Los rusos nunca se enfrentaron a los franceses en la batalla**, sino que los atrajeron hacia el remoto corazón de Rusia mientras arrasaban sus propias ciudades y pueblos durante su retirada.

591. **En Rusia, el ejército de Napoleón sufrió terribles bajas debido al frío extremo y a las tácticas rusas.** Solo un 10 % de los soldados de Napoleón sobrevivieron a la campaña.

592. **Francia nunca se recuperó de la campaña rusa.** Sus rivales volvieron a consolidar sus fuerzas y derrotaron a Napoleón en Leipzig en 1813.

593. **Las fuerzas de la coalición formada por Austria, Prusia y Rusia**, tomaron París en marzo de 1814.

594. **Napoleón fue obligado a abdicar y desterrado a Elba**, una isla del Mediterráneo frente a la costa italiana.

595. En 1815, **Napoleón escapó del exilio, pero finalmente fue derrotado en la batalla de Waterloo por una coalición encabezada por los británicos y dirigida por el duque Wellington.**

596. **Algunos creen que Napoleón podría haber ganado la batalla. Las fuertes lluvias retrasaron sus planes**, lo que dio tiempo a la coalición para reagruparse.

597. **La batalla de Waterloo es una de las más famosas de la historia europea**. Fue la segunda batalla más sangrienta que tuvo lugar durante las guerras napoleónicas.

598. **El Congreso de Viena (1814-1815) dio lugar a la formación de un nuevo orden político en Europa,** que se conoció como el Concierto de Europa. Su objetivo era mantener el equilibrio de poder en el continente.

599. **Las guerras variaron mucho en sus tácticas militares**. Por ejemplo, la guerra de guerrillas se hizo popular debido a su eficacia contra ejércitos más grandes.

600. **Millones de civiles murieron durante este periodo debido a enfermedades relacionadas con la guerra y al hambre.**

601. **Durante este periodo se produjeron muchos avances tecnológicos.** Por ejemplo, se desarrollaron nuevos tipos de mosquetes y de artillería, que permitían a los ejércitos disparar más rápido que nunca.

602. **Los esfuerzos de Napoleón por difundir un sistema unificado de leyes en toda Europa, conocido como el *Código Napoleónico*,** fueron cruciales para que cada estado estableciera su propio sistema de leyes.

603. **Durante estas guerras, se produjo un auge del nacionalismo entre las poblaciones europeas** que condujo a la formación de los estados-nación modernos, como Italia y Alemania.

604. **El declive de Napoleón supuso el ascenso de Gran Bretaña**. Los británicos consolidaron su poder económico y poseyeron la armada más poderosa del mundo.

605. **Francia perdió todos los territorios ganados durante las guerras**. Rusia añadió gran parte de Polonia a su control y Prusia también ganó tierras.

Historia de Europa

La guerra de Independencia griega (1821-1829)

La guerra de Independencia griega fue un importante acontecimiento de la historia moderna en el que Grecia luchó por su independencia. En este capítulo se explora este fascinante periodo a través de veinticinco datos interesantes.

606. **La guerra de Independencia griega se libró entre 1821 y 1829.** Los nacionalistas griegos querían **independizarse del Imperio otomano** y establecer un estado griego soberano.

607. **Esta guerra fue un conflicto muy influyente que sentó muchos precedentes internacionales** y ayudó a configurar el camino para futuras guerras revolucionarias contra imperios.

608. **Un grupo llamado *Filiki Eteria* («Sociedad de Amigos»)** fue una parte importante del comienzo de **la revolución contra los otomanos**, que habían gobernado Grecia desde 1453.

609. **La *Filiki Eteria* se inspiró en la Revolución francesa**, cuyos acontecimientos habían dejado claro que las personas de una nación podían unirse para derrocar el dominio absoluto.

610. **Este grupo incluía a figuras destacadas como Alexander Ypsilantis, Theodoros Kolokotronis, Demetrius Ypsilantis y Georgios Karaiskakis.**

611. **El líder de la Revolución griega fue un hombre llamado Ioannis Kapodistrias**, que más tarde se convirtió en el primer ministro de Grecia tras la independencia. Se le llamaba el gobernador de Grecia.

612. **La revolución estaba planeada para comenzar el 25 de marzo de 1821, pero los conspiradores se vieron obligados a iniciar la insurrección un mes antes, ya que los otomanos se enteraron de sus planes.**

613. **En febrero de 1821, los griegos de la región del Peloponeso se sublevaron contra sus gobernantes otomanos** y declararon la independencia de Grecia.

614. Intelectuales famosos creían firmemente en la causa de los griegos. El médico estadounidense Samuel Howe y el poeta inglés Lord Byron se unieron a la revolución.

615. La primera bandera de la Grecia independiente se basó en un antiguo símbolo conocido como la cruz cuadrada, que aún hoy utilizan muchas iglesias ortodoxas de todo el mundo.

616. Muchos países, como Gran Bretaña y Francia, apoyaron a Grecia durante esta guerra, pero Rusia fue su aliado más poderoso.

617. Estas potencias europeas enviaron sus flotas para proporcionar la necesaria ayuda naval a los revolucionarios griegos que estaban siendo superados en el mar por los otomanos.

618. El Imperio otomano había experimentado un largo periodo de decadencia, lo que permitió que muchas nacionalidades diferentes bajo su control lo desafiaran y lucharan por la independencia.

619. Las revueltas griegas estallaron en todo el Imperio otomano. Los otomanos no pudieron hacer frente a todas ellas y se vieron obligados a reorganizar sus defensas.

620. Las fuerzas otomanas estaban tan mal organizadas que sufrieron duras derrotas a manos de las fuerzas militares griegas, incluso en el mar.

621. Los otomanos solicitaron ayuda a Egipto para contrarrestar las victorias griegas, pero la presión internacional hizo inútiles sus esfuerzos.

622. La batalla de Navarino, en 1827, fue una gran victoria para los griegos y les ayudó a obtener el reconocimiento internacional de países como Gran Bretaña, Rusia y Francia.

623. En una asamblea conocida como el Protocolo de Londres, Gran Bretaña y Rusia reconocieron conjuntamente una Grecia independiente en 1830, algo que se reafirmó dos años más tarde cuando el Imperio otomano aceptó su derrota.

624. El príncipe Otto von Wittelsbach de Baviera fue elegido por el rey Jorge IV de Inglaterra para convertirse en el primer monarca de Grecia. No tuvo mucho éxito debido a los disturbios políticos, que duraron hasta 1862, cuando fue depuesto.

625. El himno nacional de Grecia se llama «*Himno a la libertad*» y fue escrito por Dionysios Solomos en 1823.

626. Tras obtener la independencia, Grecia se convirtió en una monarquía constitucional. La monarquía fue abolida a finales del siglo XX.

627. Durante la guerra se produjeron importantes avances en la tecnología naval, como el desarrollo de barcos propulsados por vapor, lo que contribuyó a asegurar la victoria en batallas como la de Navarino.

628. **Curiosamente, Haití, que se había independizado de Francia un par de décadas antes,** fue la primera nación en reconocer a Grecia como nación plenamente soberana.

629. **El Tratado de Constantinopla**, firmado en 1832, definió las nuevas fronteras entre Grecia y el Imperio otomano.

630. **La guerra de Independencia griega llevó a otros países, como Serbia, Bulgaria y Rumania** a independizarse del dominio otomano.

La guerra de Crimea
(1853-1856)

La guerra de Crimea fue un gran conflicto internacional en el que participaron millones de soldados. En este capítulo, se exploran veinte hechos fascinantes sobre esta guerra, incluyendo las tecnologías que se utilizaron, los heroicos esfuerzos de una enfermera, ¡y mucho más!

631. **La guerra de Crimea se libró entre Rusia y una alianza de países, entre ellos Gran Bretaña, Francia y el Imperio otomano.**

632. **Duró de 1853 a 1856 y en ella participaron millones de soldados de ambos bandos,** que libraron diversas batallas en Europa y Oriente Próximo.

633. **Comenzó cuando las tropas rusas invadieron Crimea**, **territorio del Imperio otomano,** tras un desacuerdo sobre quién debía controlarlo.

634. **Una de las razones del estallido de la guerra fue el supuesto maltrato a los súbditos ortodoxos orientales en la Palestina controlada por los otomanos.**

635. **Rusia exigió que la población ortodoxa oriental del Imperio otomano estuviera bajo la protección del zar Nicolás I**, petición que fue rechazada por el gobierno otomano, ya que habría dado a Rusia una influencia considerable.

636. **Tras esta negativa, Rusia decidió lanzar una invasión de tierras otomanas en julio de 1853** atacando Rumania, controlada por los otomanos.

637. **Otra razón detrás de la política agresiva de Rusia fue el declive de la fuerza del Imperio otomano**, que ponía en cuestión el futuro del equilibrio de poder europeo establecido tras las guerras napoleónicas.

638. **Las fuerzas aliadas obtuvieron dos victorias navales clave sobre las flotas rusas en Sinope** (en la actual Turquía), en noviembre de 1853; y en la bahía de Taganrog (en la actual Rusia), en enero de 1855.

639. **El sitio de Sebastopol, que duró once meses, fue el punto de inflexión decisivo de la guerra.** Las fuerzas aliadas consiguieron derrotar a los rusos tras intensos combates.

640. **Rusia pidió la paz tras la derrota en Sebastopol,** temiendo que su corazón fuera invadido por las fuerzas aliadas.

641. **El conflicto terminó con la victoria de Gran Bretaña, Francia** y el Imperio otomano y Rusia tuvo que renunciar a algunas de sus tierras cerca de Crimea con el **Tratado de París de 1856.**

642. **Los británicos y los franceses apoyaron a los otomanos porque temían que el imperio fuera derrotado decisivamente por los rusos**, lo que habría alterado el equilibrio de poder en Europa.

643. **Enfermedades como el cólera y el tifus mataron a más soldados durante la guerra de Crimea que los combates.**

644. **La guerra fue testigo de uno de los primeros usos de la fotografía para documentar las batallas y las condiciones en los campos de batalla**, ayudando a la gente en casa a entender lo que estaba sucediendo en tiempo real.

645. **A veces se hace referencia a la guerra de Crimea como la primera guerra «moderna».**

646. **Lord Aberdeen, primer ministro del Reino Unido, dimitió poco después de la firma del Tratado de París.** La opinión pública estaba disgustada por su mala gestión y el alto costo de la guerra.

647. **Muchos cuadros que representaban escenas de la guerra de Crimea se hicieron populares en toda Europa,** como el cuadro de William Simpson *Carga de la brigada ligera de caballería* en Balaklava.

648. **Florence Nightingale, una famosa enfermera inglesa, estableció hospitales de campaña y formó a enfermeras en el hospital de Scutari, cerca de Estambul,** donde trató a soldados heridos y utilizó prácticas sanitarias mejoradas.

649. **La guerra de Crimea debilitó enormemente al ejército ruso** y Rusia tardó décadas en recuperarse.

650. **León Tolstoi, el famoso autor ruso que escribió *Guerra y Paz*, sirvió durante la guerra de Crimea.**

Las revoluciones de 1848

En este capítulo se explora la fascinante historia de las revoluciones de 1848 a través de veinte datos interesantes sobre este periodo. ¿Por qué se iniciaron? ¿Se hicieron reformas a raíz de ellas? Mediante estos datos, se entiende por qué este periodo fue tan importante para muchos países europeos.

651. **Las revoluciones de 1848 fueron una serie de levantamientos que tuvieron lugar en muchos países de Europa** a mediados del siglo XIX.

652. **Este periodo se denomina a menudo la Primavera de las Naciones debido a su carácter generalizado,** a la prominencia de los sentimientos nacionalistas y a la esperanza de resultados positivos.

653. **Las revoluciones comenzaron en Francia, donde el pueblo exigía más libertad y democracia al gobierno.**

654. **Durante las Jornadas de Junio, los manifestantes construyeron barricadas en las calles de París.** Protestaban contra las reformas propuestas por el gobierno.

655. **La policía francesa reprimió brutalmente a los manifestantes**, causando unas diez mil víctimas y miles de deportaciones.

656. **Inspirados por los acontecimientos de Francia, los ciudadanos de toda Europa protestaron contra sus gobernantes** para conseguir más derechos y una representación más justa en el gobierno.

657. **Las revoluciones se extendieron rápidamente a otros países como Austria, Prusia** (actual Alemania), **Italia y Hungría.**

658. **En Viena se produjo un levantamiento llamado la Revolución de marzo**, en el que los estudiantes universitarios encabezaron una marcha por la ciudad y exigieron reformas.

659. **Las revoluciones de 1848 supusieron un punto de inflexión para Europa**, ya que fue la primera vez que los movimientos populares se unieron para luchar por el cambio en múltiples países.

660. **Los resultados de las revoluciones variaron de un lugar a otro, pero en general**, no tuvieron éxito para establecer gobiernos liberales o estados-nación.

661. En algunos lugares, **como Francia, las protestas condujeron a la adopción de una nueva constitución,** que garantizaba algunos derechos nuevos.

662. **Los pequeños estados alemanes exigieron la unificación alemana. Aunque esto no se consiguió en 1848,** alimentó un sentimiento que se mantuvo hasta la unificación alemana en 1871.

663. **Italia experimentó algunas reformas, como la abolición de la censura de libros y periódicos,** que ayudó a difundir más información entre los ciudadanos.

664. **En el Imperio austriaco, que contaba con gente de muchas naciones diferentes**, la revolución supuso una gran amenaza para el dominio de los Habsburgo.

665. **Con la ayuda de la intervención militar rusa, los Habsburgo reprimieron brutalmente a los revolucionarios**, que de todas formas lograron avances limitados hacia el liberalismo.

666. **Hungría se declaró independiente del dominio austriaco, Lajos Kossuth se convirtió en su líder** e introdujo numerosas reformas, como la abolición del feudalismo y la concesión de tierras al campesinado.

667. **Las revoluciones de 1848 desencadenaron una oleada migratoria de Europa a Norteamérica,** dando lugar a una de las mayores migraciones de la historia de Estados Unidos.

668. **Escritores como Victor Hugo escribieron sobre estas revoluciones en la época**, lo que ayudó a concienciar a los ciudadanos.

669. **Karl Marx y Friedrich Engels escribieron el famoso *Manifiesto Comunista* en 1848, en el que esbozaban su visión de una sociedad comunista**. Marx participó en la revolución alemana de 1848.

670. **Aunque muchas de las revoluciones de la Primavera de las Naciones no lograron los resultados esperados, provocaron un sentimiento más amplio de nacionalismo liberal en todo el continente.** Las revoluciones dieron lugar a acontecimientos muy influyentes, como la formación de los países tal y como los conocemos hoy.

La unificación de Alemania

Este capítulo explora la histórica unificación de Alemania en 1871. Conozca veinticinco hechos interesantes sobre cómo los estados germanoparlantes se unieron para formar un solo país y el papel que desempeñó Otto von Bismarck.

671. **La unificación de Alemania se produjo en 1871, cuando los estados de habla alemana se unieron para formar un solo país llamado Alemania.**

672. **Desde los albores del Sacro Imperio Romano Germánico,** el territorio de la actual Alemania estuvo dividido entre cientos de pequeños estados, baronías, ducados y ciudades-estado.

673. **Estas entidades políticas, en su mayoría, compartían su cultura y su lengua,** pero las complejas dinámicas y estructuras políticas dentro del Sacro Imperio Romano Germánico habían hecho casi imposible la formación de un estado alemán unido.

674. **Esto cambió tras las guerras napoleónicas.** Napoleón derrotó y reorganizó los estados alemanes, aboliendo el Sacro Imperio Romano Germánico.

675. **En el momento de la unificación de Alemania, en 1871, todavía había más de cuarenta estados alemanes independientes, siendo el Reino de Prusia,** situado en el norte, el más grande.

676. **En casi todos los estados alemanes se manifestaron sentimientos revolucionarios y nacionalistas durante la Primavera de las Naciones,** por lo que el ánimo por la unificación era elevado cuando se inició el proceso.

677. **La unificación fue dirigida por el canciller prusiano Otto von Bismarck**, un excelente diplomático que se dio cuenta de que era posible la unificación alemana bajo Prusia.

678. **Uno de los principales oponentes de Bismarck y Prusia fue el Imperio austriaco de los Habsburgo, en donde también se hablaba alemán y se compartía la cultura alemana.** El Imperio austriaco tenía intereses económicos y políticos en la unificación de los pequeños estados alemanes.

679. En 1834, **los estados alemanes se aliaron en una unión económica, el Zollverein, liderada por Prusia.**

680. **A principios de la década de 1860, Bismarck se dio cuenta de que Austria estaba debilitada por su reciente derrota en una guerra contra Francia y el Reino de Piamonte.** Sabía que era el momento de iniciar el proceso de unificación.

681. **Otto von Bismarck declaró célebremente en un discurso en 1862:** «Las grandes cuestiones de la época no se resolverán con discursos y decisiones mayoritarias... sino con hierro y sangre». Esta declaración reflejaba su creencia en la importancia del poder militar para lograr la unidad alemana.

682. **En 1866, Prusia y Austria entraron en guerra por una provincia alemana en la frontera con Dinamarca llamada Holstein. Austria fue derrotada en poco más de seis semanas.**

683. **El primer líder oficial de la Alemania unida fue el káiser Guillermo I**, que procedía de la familia real prusiana, la dinastía Hohenzollern.

684. **En 1866, Prusia proclamó la creación de la Confederación de Alemania del Norte**, que lideraría.

685. **La Confederación de Alemania del Norte adoptó la Constitución de Alemania del Norte**, que la convirtió en una monarquía constitucional basada en el federalismo.

686. De 1866 a 1871, **Bismarck puso en marcha políticas internas que sirvieron para fortalecer la producción local y estimular el crecimiento económico.** También aplicó reformas en el ejército.

687. **En 1870, Prusia, con el apoyo de la Confederación de Alemania del Norte**, entró en guerra con Francia. Francia era el nuevo enemigo principal tras la derrota de Austria.

688. **La guerra franco-prusiana de 1870-1871 desempeñó un papel crucial en la unificación de Alemania,** ya que los prusianos lograron una victoria decisiva e inesperada.

689. **El 18 de enero de 1871, en el palacio de Versalles, se proclamó oficialmente el Imperio alemán, o *Reich* alemán,** y el káiser Guillermo I se convirtió en su primer emperador.

690. **La victoria de Prusia sobre Francia debilitó la influencia francesa en Europa y contribuyó a ganar apoyo para el nacionalismo alemán** y acelerar el proceso de unificación.

691. **Tras la reunificación, Berlín se convirtió en la capital de Alemania. Lo sigue siendo en la actualidad.**

692. **Un fuerte sentimiento de nacionalismo está asociado a Alemania** y sus ciudadanos se enorgullecen de llamarse a sí mismos alemanes, independientemente de su origen o procedencia regional.

693. **La unificación alemana inspiró muchos movimientos similares en Europa**, sobre todo la unificación de Italia, que tuvo lugar más o menos en la misma época.

694. **La unificación de Alemania y su potente ejército crearon una nueva superpotencia europea.** Alemania se convirtió en una de las naciones más dominantes del continente.

695. **Gracias al talento de Bismarck como diplomático, el Imperio alemán experimentó un maravilloso crecimiento económico** que se destinó a mantener un ejército profesional y a establecer un nuevo equilibrio de poder en Europa.

La unificación de Italia (1871)

Este capítulo explora la unificación italiana, un movimiento que vio cómo muchos estados se unificaban en un solo país. Conozca veinticinco datos interesantes sobre cómo se logró, desde las figuras clave hasta las revueltas.

696. **La unificación de Italia concluyó en 1871,** aunque el camino de los italianos hacia la unificación comenzó en 1848.

697. Al igual que Alemania, **la península italiana en el siglo XIX estaba formada por estados más pequeños** que compartían en gran medida una cultura común.

698. **Con la difusión de las ideas liberales y nacionalistas en el siglo XIX**, se formó el movimiento del *Risorgimento*, que pretendía unificar la nación italiana.

699. **Cuando comenzó el proceso de unificación en la década de 1840, el sur de Italia estaba controlado por el Reino de las Dos Sicilias**, los territorios centrales estaban controlados por los Estados Pontificios y el norte de la península estaba disputado por varios estados, entre ellos **el Reino de Cerdeña-Piamonte, el Ducado de Toscana y el Reino de Lombardía-Venecia, controlado por Austria.**

700. **El grupo Carbonari fue crucial en la unificación italiana.** Había sido creado como organización política secreta a principios del siglo XIX e impulsaba el nacionalismo italiano y la independencia de la influencia francesa y de los Habsburgo.

701. **Dos de los líderes carbonarios fueron Giuseppe Mazzini y Giuseppe Garibaldi.** Desempeñaron un importante papel en la unificación de Italia.

702. **Garibaldi era piamontés y escapó de la cárcel en 1834. Se marchó a Sudamérica,** donde adquirió mucha práctica en las guerras revolucionarias latinoamericanas. Aprendió el arte de la guerra de guerrillas y regresó a Italia en 1848.

703. **Mazzini era el estadista de los Carbonari,** fue detenido un par de veces por actividades revolucionarias.

704. **El Reino de Cerdeña-Piamonte lideró el proceso de unificación italiana.**

705. En 1848, **durante la primera guerra de Independencia italiana, el Reino de Cerdeña-Piamonte entró en guerra con la Austria de los Habsburgo.**

706. **El Piamonte contó con la ayuda de los revolucionarios locales**, que querían acabar con el dominio conservador en las provincias italianas controladas por Austria.

707. **Durante el mismo año, se produjo una revuelta liberal contra la monarquía borbónica en el Reino de las Dos Sicilias,** que fue reprimida por el rey.

708. **La primera guerra de Independencia italiana se saldó con una victoria austriaca.** Francia intervino para restablecer el *statu quo* y mantener a Italia desintegrada.

709. **El primer ministro Camillo Cavour creó una alianza entre Cerdeña-Piamonte y Francia contra la Austria de los Habsburgo.** Ambos bandos entraron en guerra en 1859, durante la segunda guerra de Independencia italiana.

710. **En esta ocasión, los franceses y los sardos salieron victoriosos**, obligando a Austria a ceder el control de las provincias de Lombardía, Módena y Emilia.

711. **Un año más tarde, Giuseppe Garibaldi dirigió una expedición militar secreta para derrocar a la monarquía siciliana y anexar las provincias del sur de Italia al Reino de Cerdeña-Piamonte.**

712. **La Expedición de los Mil consiguió liberar Sicilia y derrocar la monarquía siciliana.** Los revolucionarios también tomaron la mayor parte de los territorios de los Estados Pontificios en el centro de Italia.

713. En 1861, **el Reino de las Dos Sicilias fue anexionado por Italia unida tras un referéndum en el que el 97 % de los sicilianos votaron a favor de la unificación.**

714. **El Reino de Italia fue proclamado oficialmente en marzo de 1861,** con el título de rey asumido por Víctor Manuel II de Cerdeña.

715. **En 1866, el Reino de Italia, que controlaba la mayor parte de la península itálica, se unió a Prusia para derrotar a Austria.**

716. Durante la guerra, **el Reino de Italia reclamó los territorios austriacos italianos de Véneto, Friuli y Mantua.**

717. **La unificación de Italia se completó en 1871 con la anexión de Roma tras la victoria alemana en la guerra franco-prusiana.**

718. **El papa Pío IX se opuso a la unificación, algo que llevó a que los Estados Pontificios fueran anexados por Italia tras la toma de Roma en 1870, poniendo fin al dominio papal en Italia.**

719. **Roma se convirtió en capital tras su incorporación a Italia.**

720. **Tras la unificación, hubo más inversiones en infraestructuras**, lo que llevó a mejoras en la industrialización, las redes ferroviarias y los sistemas educativos.

721. **La unificación ayudó a dar forma a la Italia moderna y a su cultura tal y como la conocemos hoy en día**, incluyendo la música, el arte y la literatura.

722. **La unificación italiana fue un proceso largo y difícil que tardó muchas décadas en completarse, a diferencia de la unificación alemana**, que se logró en el lapso de unos quince años.

723. **El primer ministro Camillo Cavour falleció poco después de la unificación.** Aún hoy se recuerdan sus esfuerzos por crear la Italia moderna.

724. **El himno nacional de Italia, «*Il Canto Degli Italiani*», fue compuesto en 1847**, en pleno auge del sentimiento nacionalista. Hoy es el himno nacional del país.

725. **El diseño de la bandera nacional moderna de Italia se adoptó durante la unificación.** La bandera tricolor fue utilizada por los **Carbonari sardos** y más tarde se extendió por todo el país.

La lucha por África y la Europa de Bismarck (1871-1914)

La lucha por África, que tuvo lugar principalmente a finales del siglo XIX y principios del XX, fue un periodo de intensa colonización y expansión imperial de las potencias europeas por **el continente africano.** Esta época también fue testigo del **ascenso de Prusia**. Estos treinta datos interesantes arrojan luz sobre este periodo crucial de la historia europea.

726. **Las tres últimas décadas del siglo XIX y la primera del XX** fueron testigos de una serie de maniobras políticas en Europa que culminaron con el estallido de la Primera Guerra Mundial.

727. **Con la unificación de Italia y Alemania se habían creado en Europa dos nuevos y poderosos imperios.** Competían con las ya fuertes superpotencias francesa, británica, rusa y austriaca.

728. **Para mantener el equilibrio de poder entre estos grandes imperios y evitar el estallido de un gran conflicto, Otto von Bismarck** creyó necesario contener a Francia, que había atropellado a toda **Europa durante el reinado de Napoleón.**

729. **En 1879, Alemania estableció una alianza defensiva con Austria-Hungría. Italia se unió en 1882, convirtiéndola en la Triple Alianza.**

730. **Los tres estados pactaron acuerdos secretos y se comprometieron a apoyarse mutuamente en un conflicto contra Francia.**

731. Francia reunió a sus propios aliados. **El principal era el Imperio ruso, que estaba en declive.**

732. **Francia y Rusia firmaron un acuerdo en 1891 y se aliaron tres años más tarde.** Los franceses prestaron a los rusos muchos fondos para reconstruir y modernizar sus infraestructuras y su ejército.

733. **Alemania incrementó su ejército y su economía hasta el punto de desafiar seriamente a Gran Bretaña,** que se había erigido como el estado más poderoso de la Europa del siglo XIX.

734. **Gran Bretaña contaba con la armada más fuerte, un extenso sistema de colonias, un poderoso ejército y una gran economía.** También disfrutaba de una política aislada, por lo que no se veía tan afectada por la política de la Europa continental.

735. **Con el ascenso de Alemania, la política exterior británica cambió,** y la nación firmó acuerdos con Francia y Rusia.

736. **Gran Bretaña, Rusia y Francia formaron la Triple Entente para equilibrar el poder de la Triple Alianza.**

737. **En la Conferencia de Berlín (1884-1885), las principales potencias europeas se sentaron a la mesa de negociaciones para debatir el futuro de Europa** y del resto del mundo.

738. **Con ella inició la «lucha por África», una carrera por la conquista de tierras y la colonización de un continente** que, en aquella época, aún no había sido explorado por los europeos.

739. **La Conferencia de Berlín no consistió en trazar fronteras arbitrarias en un mapa de África. Por el contrario**, formalizó las reclamaciones coloniales existentes y trató de establecer directrices para futuras adquisiciones territoriales.

740. **Al comienzo de la lucha por África, sólo el 10 % de las tierras africanas habían sido reclamadas por los europeos.** En 1900, esa cifra había aumentado hasta el 90 %.

741. **Muchas tribus africanas fueron expulsadas o esclavizadas durante este periodo**, lo que provocó importantes pérdidas de vidas en ambos bandos debido a las guerras libradas por los territorios.

742. **Los colonos europeos llevaron su propia cultura, lengua, religión, leyes y sistema educativo** a las regiones que ocuparon, sustituyendo las formas tradicionales de hacer las cosas.

743. **Francia fue muy activa durante este periodo. Adquirió más tierras que cualquier otra nación europea en África occidental.**

744. **Gran Bretaña era la potencia dominante en el sur de África.** Adquirió colonias en Nigeria, Sudán, Uganda y Kenia.

745. **Portugal estableció su colonia en Angola e Italia se hizo con el control de Libia.**

746. **Alemania entró tarde en la lucha por África, pero adquirió Togolandia** (hoy parte de Ghana), Camerún y el África Oriental Alemana (Ruanda y Burundi).

747. **Los imperios europeos justificaron su despiadada conquista y colonización del continente africano** con la creencia de que estaban llevando la ilustración y el progreso a las partes incivilizadas del mundo.

748. **Millones de africanos sufrieron bajo el brutal dominio colonial.** Muchos se vieron obligados a abandonar sus hogares y experimentaron terribles condiciones de vida.

749. **La lucha por África provocó sufrimiento económico**, ya que Gran Bretaña y otros países se apoderaron de los recursos de las colonias sin intención de ofrecer oportunidades comerciales justas.

750. **En este periodo surgieron sentimientos nacionalistas entre los pueblos de todo el continente que querían liberarse del dominio colonial.** Tras la Primera Guerra Mundial, se produjeron varios movimientos independentistas.

751. **Muchos países africanos siguen sufriendo desigualdad económica y agitación política.** Muchos politólogos creen que esto se debe a la lucha por África.

752. **La lucha por África dio forma a gran parte del derecho internacional actual que rige las relaciones entre los diferentes Estados** en cuestiones como los derechos sobre la tierra y la extracción de recursos.

753. **La lucha por África estimuló las rivalidades entre las superpotencias europeas**, especialmente entre Alemania, Francia y Gran Bretaña.

754. **La rivalidad británico-alemana desembocó en una carrera armamentística naval**, con la recién creada armada alemana desafiando la supremacía de **la Royal Navy británica** hacia 1914.

755. **Austria-Hungría absorbió poco a poco a las naciones-estado de los Balcanes**, que intentaban independizarse del Imperio otomano, que se desmoronaba.

Las guerras de los Balcanes
(1912-1913)

Las guerras de los Balcanes fueron un periodo crucial en la historia del sureste de Europa. Conozca veinte hechos sobre cómo comenzaron estos conflictos y su impacto en la Primera Guerra Mundial.

756. **Las guerras balcánicas fueron dos conflictos librados entre 1912 y 1913** que dieron lugar a la aparición de nuevos estados balcánicos y al debilitamiento del Imperio otomano.

757. **La primera guerra de los Balcanes tuvo lugar entre octubre de 1912 y mayo de 1913 y en ella participó la Liga Balcánica** (Serbia, Montenegro, Grecia y Bulgaria) **contra el Imperio otomano.**

758. **El principal objetivo de la Liga Balcánica era expulsar al Imperio otomano de los Balcanes** y ganar territorio en la región donde estas nacionalidades habían vivido durante siglos bajo la soberanía otomana.

759. **La Liga Balcánica consiguió rápidamente importantes victorias contra el Imperio otomano,** capturando territorios en las actuales Albania, Macedonia y Tracia.

760. **La batalla de Kumanovo, en octubre de 1912, supuso una victoria decisiva de la Liga Balcánica contra los otomanos en Macedonia.**

761. **El asedio de Adrianópolis (Edirne), en noviembre de 1912, fue una importante operación militar de las fuerzas búlgaras y serbias,** que tuvo como resultado la toma de la ciudad.

762. **El 30 de mayo de 1913 se firmó el Tratado de Londres,** que puso fin a la primera guerra de los Balcanes y reconoció importantes ganancias territoriales para los estados de la Liga Balcánica a expensas del **Imperio otomano.**

763. **Este tratado fue negociado por las grandes potencias europeas para evitar una nueva escalada del conflicto** y mantener la estabilidad en la región.

764. **La primera guerra de los Balcanes también dio lugar a la creación de una Albania independiente.**

765. **La segunda guerra de los Balcanes** tuvo lugar entre junio y agosto de 1913 y **enfrentó a Bulgaria con sus antiguos aliados, Serbia, Grecia y Rumania.**

766. **La principal causa de la segunda guerra de los Balcanes fue la insatisfacción de Bulgaria con las ganancias territoriales obtenidas con el Tratado de Londres.** Los búlgaros esperaban conseguir más del primer conflicto.

767. **Bulgaria inició las hostilidades contra sus antiguos aliados atacando posiciones serbias y griegas en Macedonia** en junio de 1913.

768. Sin embargo, **el ejército serbio, con el apoyo de Grecia y Rumania, lanzó una exitosa contraofensiva,** haciendo retroceder a las fuerzas búlgaras.

769. **La batalla del Desfiladero de Kresna, en julio de 1913, fue un importante enfrentamiento en el que las fuerzas serbias y griegas derrotaron a las fuerzas búlgaras,** que intentaban avanzar hacia territorio griego.

770. **Bulgaria se vio obligada a rendirse, firmando el Tratado de Bucarest el 10 de agosto** de 1913, poniendo fin a la segunda guerra de los Balcanes. Bulgaria sufrió pérdidas territoriales.

771. **Los ajustes territoriales realizados en el Tratado de Bucarest incluyeron que Serbia ganara el territorio de gran parte de Macedonia,** Grecia ganara el sur de Macedonia y Rumania ganara el sur de Dobruja.

772. **Las guerras de los Balcanes fueron muy importantes en el contexto de la Europa del siglo XX, ya que debilitaron significativamente la presencia del Imperio otomano en los Balcanes,** allanando el camino para su colapso durante la Primera Guerra Mundial.

773. **Las guerras de los Balcanes contribuyeron al crecimiento de sentimientos nacionalistas entre los diversos grupos étnicos de la región,** lo que dio lugar a nuevos conflictos y tensiones en las décadas siguientes.

774. **Las guerras de los Balcanes provocaron importantes movimientos de población,** incluido el desplazamiento de poblaciones musulmanas de los territorios capturados por los **estados de la Liga Balcánica**.

775. **Estos conflictos se consideran a menudo como un preludio de la Primera Guerra Mundial,** ya que pusieron de relieve la compleja red de alianzas y rivalidades en Europa.

Historia de Europa

La Primera Guerra Mundial
(1914-1918)

En este capítulo se exploran los acontecimientos y hechos que rodearon la Primera Guerra Mundial. Conozca treinta datos interesantes sobre cómo empezó, los principales participantes y las batallas más importantes. **Descubra cómo la Primera Guerra Mundial cambió la historia para siempre.**

776. La guerra comenzó el 28 de julio de 1914, cuando **Austria declaró la guerra a Serbia en respuesta al asesinato del archiduque Francisco Fernando.**

777. **El archiduque Francisco Fernando y su esposa fueron asesinados durante su visita a la ciudad bosnia de Sarajevo por el nacionalista serbio Gavrilo Princip.**

778. **Serbios, bosnios, croatas y otros pueblos balcánicos que habían estado bajo el gobierno conservador del Imperio austrohúngaro estaban descontentos con el dominio de los Habsburgo.** Querían la independencia y algunos llegaron a extremos para lograr sus objetivos.

779. **El asesinato del archiduque Francisco Fernando fue seguido de una serie de maniobras diplomáticas por parte de las naciones europeas.** Este periodo fue conocido como la Crisis de Julio, durante la cual los países europeos movilizaron sus fuerzas y se prepararon para la guerra.

780. **Rusia acudió en defensa de Serbia, lo que provocó que Austria declarara la guerra a Rusia,** lo que arrastró a Francia, Alemania y Gran Bretaña al conflicto.

781. **La Primera Guerra Mundial fue la mayor guerra librada por un estado hasta ese momento de la historia.**

782. **El número total de damnificados fue de unos cuarenta millones.** Hubo alrededor de veinte millones de muertos y veintiún millones de heridos. Esta cifra incluye tanto a civiles como a militares.

783. **El Imperio otomano se unió a la guerra en 1915 del lado de las potencias centrales (Alemania y Austria-Hungría). Los otomanos** querían salvar su imperio en declive y hacerse con el control de territorios en los Balcanes y el Cáucaso.

784. **Italia y Estados Unidos se pusieron del lado de la Entente**, mientras que Bulgaria se unió a la guerra del lado de las Potencias Centrales.

785. **La Primera Guerra Mundial fue tan destructiva debido a la implementación de nuevas tácticas y tecnologías militares**, como tanques, aviones y ametralladoras.

786. **La Primera Guerra Mundial se hizo tristemente célebre por la guerra de trincheras**. Los soldados cavaban trincheras en el campo de batalla, dando lugar a posiciones defensivas bien fortificadas que eran extremadamente difíciles de atacar para el otro bando.

787. **En la Primera Guerra Mundial se utilizó por primera vez el gas venenoso**. Al final del conflicto, se habían liberado más de 125.000 toneladas de gases venenosos en las trincheras.

788. **En el frente occidental, donde Alemania luchó contra británicos y franceses**, las mayores batallas tuvieron lugar en el Somme y Verdún, con más de 1,5 millones de bajas.

789. **La batalla de Verdún duró trescientos días. Fue conocida como la batalla más sangrienta de la Primera Guerra Mundial**, ya que hubo más de 300.000 bajas francesas y alemanas.

790. **Tras los primeros avances alemanes en 1914 y 1915, franceses y británicos contuvieron la invasión alemana**, llegando a un punto muerto que se rompió en 1917 con la llegada de los soldados estadounidenses.

791. **El 25 de diciembre de 1914, los soldados británicos y alemanes declararon un alto el fuego temporal.** Se intercambiaron regalos y jugaron un partido de fútbol. Este día se conoce como la Tregua de Navidad.

792. **En el frente oriental, las fuerzas alemanas y austriacas hicieron retroceder a los soldados rusos**, lo que provocó el caos en Rusia.

793. **La Revolución rusa de 1917 supuso la salida de Rusia de la guerra**. Los revolucionarios, además, derrocaron el Imperio ruso.

794. **En 1915, los Aliados lanzaron una invasión naval al Imperio otomano.** Desembarcaron en la península de Galípoli con la esperanza de tomar Constantinopla.

795. **La campaña de Galípoli duró diez meses y causó unas 500.000 bajas a mediados de 1916.** Los Aliados fueron incapaces de romper las defensas otomanas.

796. **Tras la entrada de Italia en la guerra, los italianos intentaron penetrar en Austria, pero se encontraron con la feroz resistencia de las fuerzas austro-alemanas** en la actual Eslovenia, a orillas del río Isonzo.

797. **Hubo doce batallas a lo largo del río Isonzo.** Los italianos fueron expulsados del río en octubre de 1917.

798. **Estados Unidos se unió a la Primera Guerra Mundial en 1917 después de que los submarinos alemanes hundieran sin previo aviso varios barcos mercantes estadounidenses** que transportaban suministros para las fuerzas aliadas.

799. **Alemania fue la única potencia central que contó con abundantes recursos y un ejército competente durante la mayor parte de la guerra.** Las tropas austriacas, otomanas y búlgaras carecían de disciplina y equipamiento.

800. **A medida que la guerra se prolongaba, el sentimiento de la población de Berlín y otras grandes ciudades alemanas** hacía imposible continuar con el esfuerzo bélico.

801. **La guerra terminó oficialmente con la firma del Tratado de Versalles, el 28 de junio de 1919.** El tratado imponía severas restricciones a Alemania por haber iniciado la guerra, incluyendo cuantiosas reparaciones.

802. **Además del Tratado de Versalles, las potencias derrotadas firmaron otros tratados por separado.**

803. **La Primera Guerra Mundial marcó el fin de los antiguos imperios en Europa, ya que Alemania, Austria-Hungría y el Imperio otomano se reorganizaron en nuevos estados.** La Revolución rusa, por su parte, puso fin al Imperio ruso.

804. **La guerra condujo a la formación de múltiples estados-nación en toda Europa, como Checoslovaquia, Hungría, Polonia, Ucrania, Georgia, Yugoslavia y Rumania,** donde se establecieron regímenes democráticos liberales en su mayoría.

805. **El presidente estadounidense Woodrow Wilson quería evitar el estallido de otra guerra masiva,** por lo que ayudó a crear una organización internacional llamada Sociedad de las Naciones, a la que se unieron muchas naciones europeas.

La Revolución rusa y la formación de la URSS (1917)

La Revolución rusa fue un gran acontecimiento que afectó enormemente a Europa. Estos veinticinco hechos fascinantes dan una idea de las causas de la revolución y de las figuras que participaron en el derrocamiento del Imperio ruso.

806. **La Revolución rusa comenzó en 1917 en medio de la Primera Guerra Mundial** tras una serie de protestas y huelgas obreras en San Petersburgo y Moscú.

807. **Las clases bajas sufrían malas condiciones de vida y no tenían derechos fundamentales ni prosperidad económica**. Las protestas también comenzaron porque las fuerzas rusas sufrieron varias derrotas en la Primera Guerra Mundial.

808. **Como consecuencia de la revolución, el monarca ruso, el zar Nicolás II**, se vio obligado a abdicar, poniendo fin a una larga línea de sucesión monárquica.

809. **Rusia se reorganizó como el primer Estado comunista de la historia mundial.**

810. **En marzo comenzaron las primeras protestas, que desembocaron en la creación de un gobierno provisional dirigido por la Duma rusa** (el órgano parlamentario).

811. También se crearon los sóviets locales, **consejos obreros socialistas que gobernaban los asuntos de los pequeños distritos.**

812. **Creció la influencia de un grupo de revolucionarios de extrema izquierda, los bolcheviques**, liderados por Vladimir Lenin, un defensor de los principios marxistas que creía que el comunismo debía establecerse en Rusia.

813. **Los bolcheviques convirtieron los sóviets locales en milicias armadas voluntarias y tomaron el control del gobierno provisional en octubre**. Establecieron su propio gobierno: la República Socialista Federativa Soviética Rusa.

814. **Lenin contaba con el apoyo de León Trotski, considerado el segundo al mando durante la Revolución rusa.** Trotski fue asesinado en 1940 mientras se encontraba exiliado en México.

815. **Un lema bolchevique popular durante la revolución fue «Paz, tierra y pan».**

816. **Los bolcheviques firmaron un acuerdo de paz con los alemanes** en marzo de 1918, saliendo de la Primera Guerra Mundial.

817. **Aplicaron una serie de políticas destinadas a redistribuir la tierra y los recursos de los ricos a los pobres.**

818. **Los bolcheviques no estuvieron exentos de oposición.** Los rusos antisocialistas y conservadores se unieron contra ellos, formando **el Ejército Blanco e iniciando la guerra civil rusa.**

819. **La guerra civil rusa terminó en 1923 con la derrota de los blancos y el establecimiento de un régimen socialista en Rusia.**

820. Tras la victoria, **los bolcheviques se reorganizaron en el Partido Comunista** y continuaron impulsando su agenda.

821. **Los comunistas creían que tenían que extender el comunismo al resto del mundo** y comenzaron a invadir muchos estados vecinos, como Ucrania, Moldavia y Georgia, todos ellos ocupados por el Ejército Rojo en 1921.

822. **Rusia creó la Unión de Repúblicas Socialistas Soviéticas** (URSS) en diciembre de 1922.

823. **Se establecieron regímenes comunistas en los nuevos estados ocupados** y la URSS llegó a tener quince miembros.

824. **El Partido Comunista tomó el control de todos los aspectos de la sociedad tras la muerte de Lenin en 1924,** incluidas fábricas, granjas y escuelas. Creó un Estado de partido único en el que ejercía un poder absoluto sobre los ciudadanos.

825. **Tras la muerte de Lenin, un joven comunista llamado Joseph Stalin llegó al poder como jefe del Partido Comunista y de la URSS.** Aplicó varias políticas radicales como la colectivización de la agricultura, que provocó millones de muertes por inanición.

826. **Stalin llevó el régimen de partido único a un nuevo nivel.** Inició un reino del terror y encarceló y ejecutó a cientos de miles de personas sospechosas de ser enemigas del Estado.

827. **Los prisioneros eran obligados a trabajar en condiciones extremas en cientos de campos de trabajo secretos que estaban repartidos por toda la URSS.** Estas prisiones eran conocidas como gulags.

828. **Las nuevas fábricas de la Unión Soviética aumentaron enormemente la producción nacional**, aunque en su mayor parte se trataba de armas.

829. **Se implantó una estricta censura en todos los aspectos de la vida. Los periódicos, la música, el teatro y el arte** tenían que pasar por los canales estatales antes de ser difundidos al público.

830. **La URSS impulsó la expansión del comunismo en todo el mundo durante décadas**, financiando muchos movimientos de extrema izquierda en Europa y Asia.

El periodo de entreguerras
(1918-1939)

El periodo de entreguerras fue una época de transformación histórica en la que Estados Unidos se convirtió en la mayor potencia del mundo. La tecnología avanzó espectacularmente y la cultura popular floreció. Examine estos cambios con treinta datos interesantes.

831. **El periodo de entreguerras se refiere al tiempo entre la Primera y la Segunda Guerra Mundial.**

832. **Aunque este periodo solo duró dos décadas,** el mundo experimentó cambios tecnológicos, socioeconómicos y políticos espectaculares.

833. **Tras el final de la Primera Guerra Mundial, se establecieron regímenes democráticos en toda Europa** y los vencedores de la guerra esperaban que las monarquías conservadoras no volvieran nunca más al continente.

834. **Los años veinte fueron una época de recuperación para Europa y el resto del mundo.** Los nuevos estados-nación europeos seguían organizándose y tratando de encontrar su lugar en el nuevo orden político mundial.

835. **En su mayor parte, esta década fue pacífica, con la excepción de la expansión soviética** en el Cáucaso y el establecimiento de repúblicas soviéticas en Georgia, Armenia y Azerbaiyán.

836. **La tecnología mejoró espectacularmente durante esta época.** Los aviones se hicieron mucho más potentes y fueron más utilizados por los gobiernos de todo el mundo con fines militares o como transporte.

837. **La cultura popular floreció durante esta época.** La música jazz se extendió por Europa y las películas de Hollywood se vieron en todo el mundo.

838. **Surgieron movimientos artísticos como el surrealismo, el dadaísmo y la bauhaus, que desafiaban las nociones tradicionales de arte y cultura** y ampliaban los límites de la pintura, la escultura, la literatura y el diseño.

839. **Las emisiones de radio permitieron escuchar las noticias en cualquier lugar del mundo.**

840. **Durante el periodo de entreguerras, las mujeres obtuvieron más derechos**; algunos países incluso les concedieron el derecho al voto por primera vez en la historia.

841. **En esta época se fundó la Sociedad de las Naciones**, cuyo objetivo era promover la paz internacional y la cooperación entre las naciones.

842. **A pesar de sus nobles objetivos, la Sociedad de las Naciones no logró convertirse en una organización internacional fuerte** y respetada debido a la aparición de nuevos regímenes que desafiaban sus leyes.

843. **A finales de la década de 1920, Europa y el resto del mundo entraron en un periodo de gran declive económico llamado la Gran Depresión.** Comenzó en 1929 y duró hasta finales de la década de 1930. Fue una de las peores recesiones económicas jamás registradas y causó grandes trastornos sociales en todo el mundo.

844. **Todos los países europeos sufrieron los efectos de la Gran Depresión**, con una grave hiperinflación y elevadas tasas de desempleo, que provocaron inestabilidad política.

845. **En parte como respuesta a la crisis económica causada por la Gran Depresión**, los líderes nacionalistas de extrema derecha empezaron a ganar terreno en Europa.

846. **El primer movimiento destacado de extrema derecha fue el fascismo italiano**. Este movimiento fue liderado por un antiguo periodista convertido en político radical llamado Benito Mussolini, que se convirtió en primer ministro en 1922.

847. **Mussolini y sus seguidores abogaban por una Italia fuerte** y estaban dispuestos a utilizar la violencia contra los grupos a los que se oponían, como los liberales o los socialistas.

848. **Algo similar ocurrió en Alemania**, que pasó a llamarse República de Weimar.

849. **Alemania fue el país más afectado por la Gran Depresión**, por lo que el sentimiento público de venganza era muy fuerte.

850. **Adolf Hitler, inspirado por el éxito de Mussolini en Italia**, llegó al poder en 1933 y pronto se convirtió en dictador de Alemania.

851. **Su Partido Nacionalsocialista Obrero Alemán** (el Partido Nazi) celebraba la superioridad de la raza alemana y destacaba la importancia del rearme alemán y la gloria de la nación alemana.

852. Durante la década de 1930, **Hitler consiguió anexar territorios austriacos y checoslovacos**. Los líderes de los regímenes democráticos de Francia y Gran Bretaña permitieron a regañadientes la agresiva expansión alemana.

853. **Italia y Alemania formaron el Eje, difundiendo propaganda de extrema derecha, tomando todo el poder en sus países**, avasallando el estado de derecho e invirtiendo fuertemente en la militarización.

854. **El fascismo se convirtió en una ideología poderosa**, con sus defensores impulsando el control totalitario de todos los aspectos del estado e inspirando movimientos similares en todo el mundo.

855. **El fascismo condujo al estallido de la guerra civil española** (1936-1939) entre los partidarios de una república y los que deseaban una dictadura.

856. **La guerra civil española acabó con la victoria de los fascistas, que recibieron mucha ayuda de italianos y alemanes**. Francisco Franco se alzó como dictador de España.

857. **La Unión Soviética experimentó cambios radicales bajo el liderazgo de Joseph Stalin**, que impulsó reformas económicas y sociales.

858. **Las políticas de Stalin eran muy parecidas a las de sus colegas totalitarios de Italia y Alemania.** La mayoría de la población de la Unión Soviética luchaba por superar la pobreza y lograr unas condiciones de vida básicas.

859. **Durante este periodo se celebraron varias conferencias internacionales importantes, como la Conferencia Naval de Washington** (1921-1922), que pretendía limitar los niveles de armamento mundial. La Conferencia de Desarme de Ginebra (1932-1934), por su parte, pretendía reducir el gasto militar de los países.

860. **Aunque soviéticos y nazis afirmaban ser enemigos**, ambos acordaron un plan secreto para invadir juntos Polonia en agosto de 1939.

La Segunda Guerra Mundial
(1939-1945)

Desde la batalla de Inglaterra hasta el bombardeo de Hiroshima y Nagasaki, la Segunda Guerra Mundial fue uno de los conflictos más devastadores de la historia de la humanidad. En este capítulo, se exploran treinta datos interesantes sobre esta influyente guerra.

861. **La Segunda Guerra Mundial fue el conflicto más mortífero de la historia de la humanidad hasta la fecha**, con cerca de setenta y cinco millones de muertos en todo el mundo.

862. **Comenzó el 1 de septiembre de 1939, cuando la Alemania nazi invadió Polonia. Como respuesta, Francia y el Reino Unido declararon la guerra a Alemania.**

863. Las dos facciones principales de la guerra fueron **el Eje (Alemania, Italia y Japón) y los Aliados (Gran Bretaña, Francia, China, la URSS y Estados Unidos).**

864. **Alemania invadió y derrotó a Noruega y Dinamarca en 1940.** Los alemanes también lanzaron una invasión a Francia a través de Bélgica, los Países Bajos y Luxemburgo.

865. **Los nazis ocuparon París el 14 de junio de 1940, menos de un año después del inicio de la guerra.** Francia firmó un armisticio con Alemania y el país fue organizado en zonas de ocupación controladas por alemanes e italianos.

866. **Gran Bretaña, dirigida por el primer ministro Winston Churchill, organizó una asombrosa defensa del canal de la Mancha para impedir que los alemanes cruzaran e invadieran las islas.**

867. **La batalla de Inglaterra fue una importante batalla aérea entre la Luftwaffe alemana y la Real Fuerza Aérea británica en 1940 por el control del espacio aéreo del Reino Unido.** La mayoría de las principales ciudades británicas, incluida Londres, fueron bombardeadas sin piedad.

868. **Hitler preparó y lanzó la Operación Barbarroja,** que pretendía ser una ofensiva rápida contra la Unión Soviética en junio de 1941.

Historia de Europa

869. **El ejército soviético fue incapaz de responder eficazmente.** Los alemanes avanzaron mucho en los territorios soviéticos y se hicieron rápidamente con el control de Ucrania, Bielorrusia y el oeste de Rusia.

870. **Los soviéticos pudieron movilizarse a tiempo para defender Moscú y Leningrado** y los alemanes tuvieron que detener su invasión tras agotar sus recursos.

871. **Japón atacó Pearl Harbor el 7 de diciembre de 1941,** con lo que Estados Unidos entró oficialmente en la Segunda Guerra Mundial del lado de los Aliados.

872. **La batalla de Stalingrado (1942-1943) fue testigo de algunos de los combates más brutales de la Segunda Guerra Mundial.** Fue un punto de inflexión importante, ya que los nazis empezaron a retroceder en el frente oriental.

873. **A finales de 1943, la ofensiva alemana en la Unión Soviética se había detenido por completo.** Los alemanes organizaron una retirada táctica al año siguiente tras una renovada ofensiva soviética.

874. **El Día D** (6 de junio de 1944) **marcó el inicio de la victoria aliada en Europa**, con el desembarco de unos 160.000 soldados en cinco playas de Normandía, Francia, para luchar contra los nazis.

875. **Los Aliados no solo tuvieron éxito en Normandía, sino que también lanzaron una invasión a Italia desde el Mediterráneo** en 1943, tomando la mayor parte del sur de Italia.

876. **Los Aliados y los soviéticos se acercaron por el oeste y el este**, tomando Berlín en la primavera de 1945.

877. El 30 de abril de 1945, **Hitler se suicidó en su búnker antes de que las tropas aliadas pudieran encontrarlo.**

878. **Los japoneses se rindieron en el otoño de 1945 después de que EE. UU. lanzara dos bombas atómicas sobre Hiroshima y Nagasaki**, matando a cientos de miles de personas en un solo ataque.

879. **Científicos europeos, principalmente del Reino Unido, participaron en el Proyecto Manhattan**, que desarrolló la bomba atómica.

880. **Cuando los Aliados avanzaron hacia los territorios alemanes, desvelaron la terrible verdad que los nazis** habían estado ocultando al mundo exterior: el asesinato masivo, la deportación y el encarcelamiento de judíos y otras minorías.

881. Los nazis organizaron campos de trabajo forzado en los que perecieron millones de inocentes en uno de los acontecimientos más trágicos de la historia. Este acontecimiento se conoce como el Holocausto.

882. **El genocidio se justificó como parte de la «solución final»,** que pretendía establecer el dominio cultural y social de la raza aria a expensas de las razas inferiores.

883. **La tragedia del Holocausto se recuerda gracias a los relatos de quienes lo vivieron, como Ana Frank, que escribió su diario mientras se escondía de los nazis durante la Segunda Guerra Mundial.** Su diario se convirtió en un libro icónico de no ficción que enseña los horrores infligidos a personas inocentes a causa de la guerra y los prejuicios.

884. **Mujeres de todo el mundo asumieron funciones como enfermeras, pilotos** o trabajadoras en fábricas para sus respectivos países, ya que muchos hombres estaban lejos luchando.

885. **En la Segunda Guerra Mundial se produjeron importantes avances tecnológicos**, como los aviones a reacción, los radares, las computadoras y las armas atómicas, que cambiaron la guerra para siempre.

886. **Bletchley Park, una finca en Inglaterra, fue el lugar donde se llevó a cabo una operación secreta para descifrar códigos durante la Segunda Guerra Mundial**. El equipo de descifradores de códigos, entre los que se encontraba Alan Turing, desempeñó un papel crucial para descifrar los **códigos de la máquina alemana Enigma**.

887. La capital de Polonia, Varsovia, fue completamente destruida durante la guerra.

888. **Winston Churchill fue primer ministro del Reino Unido durante la Segunda Guerra Mundial.** Se le recuerda como uno de los mayores líderes de la historia. Ayudó a llevar a su país a la victoria contra la Alemania nazi gracias a sus inspiradores discursos y a su capacidad para planificar estrategias.

889. **Una vez finalizada la Segunda Guerra Mundial, la Organización de las Naciones Unidas (ONU) sustituyó a la Sociedad de las Naciones como organización mundial para el mantenimiento de la paz.** Su objetivo era evitar otra guerra a gran escala y establecer un nuevo orden mundial.

890. **Stalin ocupó la mayor parte de Europa oriental y estableció regímenes comunistas en países como Polonia, Rumania, Checoslovaquia y Alemania Oriental.**

La Guerra Fría
(1945-1991)

De 1945 a 1991, el mundo fue testigo de una intensa rivalidad entre dos superpotencias: Estados Unidos y la Unión Soviética. Conocido como la «Guerra Fría», este periodo se caracterizó por una carrera por la influencia política en Europa, Asia y África. En este capítulo, se exploran veinte datos interesantes sobre **la Guerra Fría**.

891. **La Guerra Fría fue una época de tensión entre Estados Unidos y la Unión Soviética** que duró desde 1945 hasta 1991.

892. **Ambos países querían ser los más poderosos y difundir sus ideologías por todo el mundo,** lo que llevó a una competencia por la influencia política en lugares como Europa, Asia y África.

893. **La guerra fría condujo a una enorme carrera armamentística en la que ambas potencias aumentaron sus arsenales militares** en un intento de establecer su superioridad.

894. **Durante este periodo, ambos bandos desarrollaron armas nucleares** como medida disuasoria contra un ataque, pero nunca las utilizaron en combate.

895. **En lugar de luchar directamente entre sí, libraron guerras indirectas, como en Vietnam o Corea,** en las que ambos bandos apoyaban a diferentes partes en un conflicto sin entrar ellos mismos en combate directo.

896. **A lo largo de la guerra fría, los estados de Europa del este estuvieron bajo una fuerte influencia soviética.** Los regímenes comunistas, títeres de la Unión Soviética, difundían propaganda antioccidental y limitaban las libertades de sus ciudadanos.

897. En marzo de 1946, **Winston Churchill dijo en un discurso que un telón de acero había descendido sobre Europa**, simbolizando la división entre los estados europeos democráticos y comunistas.

898. **Esta rivalidad condujo a la exploración espacial. Cada país competía por la superioridad en tecnología y ciencia.** Rusia lanzó el **Sputnik 1**, primer satélite artificial puesto en órbita.

899. De 1948 a 1949, **la Unión Soviética bloqueó Berlín Occidental, cortando todas las rutas terrestres y acuáticas a la ciudad**. En respuesta, Occidente organizó el Puente Aéreo de Berlín, una operación de transporte aéreo masivo para suministrar a Berlín Occidental alimentos, combustible y otros artículos de primera necesidad. El puente aéreo duró once meses.

900. **La guerra fría fue testigo del enorme crecimiento de organizaciones internacionales como la OTAN y las Naciones Unidas**, que se crearon para evitar futuras guerras.

901. **Durante esta época se firmaron importantes documentos, como los Acuerdos de Helsinki**, en los que se establecieron acuerdos sobre la forma en que los distintos países debían relacionarse política y económicamente, respetando al mismo tiempo los derechos humanos.

902. **Las democracias europeas iniciaron su proceso de integración económica y política en la década de 1950, durante la guerra fría**, en un esfuerzo por evitar que estallara otro conflicto en Europa.

903. **Muchas personas escaparon del régimen comunista a través de la deserción o la emigración**, buscando refugio en países como Estados Unidos y Canadá.

904. **La guerra fría desescaló en 1989, cuando se derribó el muro de Berlín** (división física entre Alemania Oriental y Occidental).

905. **En última instancia, la guerra fría terminó con la victoria de la democracia y el libre mercado,** ya que los regímenes comunistas de Europa se derrumbaron en la década de 1990.

Historia de Europa

La descolonización
(1945-década de 1960)

Este capítulo explora el importante periodo de descolonización que tuvo lugar entre 1945 y la década de 1960. Estos quince hechos incluyen algunos de los países que lograron la independencia y los cambios que tuvieron lugar.

906. **La descolonización es el proceso por el cual los países se independizan y dejan de ser colonias de otras naciones**, normalmente más grandes y poderosas.

907. **El inicio de la descolonización comenzó en 1945, al final de la Segunda Guerra Mundial,** cuando muchas naciones europeas renunciaron a sus colonias como consecuencia de la pérdida de poder y dinero durante la guerra.

908. **En 1947, India se convirtió en una nación independiente tras siglos bajo dominio británico.**

909. **Muchas naciones africanas obtuvieron la independencia entre mediados de la década de 1950 y 1975,** siendo Ghana el primer país subsahariano en lograrlo, en 1957.

910. **La descolonización también se produjo en Oceanía, con Papúa Nueva Guinea independizándose de Australia en 1975** y **Samoa** de **Nueva Zelanda** solo un año después.

911. **Durante la descolonización, muchos países tuvieron que luchar por su libertad,** mientras que otros la obtuvieron mediante negociaciones y acuerdos pacíficos con las antiguas potencias coloniales.

912. **Un ejemplo especialmente violento de descolonización en África fue el de Argelia,** que libró una brutal guerra contra los **franceses** entre 1954 y 1962, que provocó la muerte y el desplazamiento de millones de personas.

913. **El proceso de descolonización estuvo a menudo acompañado de guerras civiles,** ya que los grupos de las naciones recién independizadas luchaban por el poder o las ideologías.

914. **Las Naciones Unidas desempeñaron un papel importante al facilitar** la diplomacia, brindar ayuda económica y liderar los procesos de paz en **estas nuevas naciones**.

915. **En algunos casos, las antiguas colonias eran tan inestables desde el punto de vista financiero que tenían que depender de potencias extranjeras para sobrevivir**, lo que dio lugar a lo que se conoce como «neocolonialismo», que es cuando un país parece independiente, pero sigue teniendo fuertes lazos económicos con su colonizador.

916. **La descolonización provocó desplazamientos de población,** ya que muchas personas abandonaron las naciones recién formadas debido a la inestabilidad política o a la falta de recursos y oportunidades de empleo.

917. **La descolonización fomentó la idea de que todas las personas debían ser tratadas por igual,** independientemente de su raza o religión, allanando el camino para los **movimientos de derechos civiles**.

918. **La descolonización de las naciones condujo a un aumento del comercio internacional**, ya que los nuevos estados independientes empezaron a establecer vínculos con naciones extranjeras que anteriormente estaban bajo dominio colonial.

919. **Como parte de este proceso se desarrollaron iniciativas educativas que permitieron a los ciudadanos de las antiguas colonias acceder por primera vez a la educación superior.**

920. **Durante este periodo, se produjeron cambios significativos en la cultura**. Por ejemplo, los países recién formados declararon como lengua oficial lenguas distintas a las de sus colonizadores.

La primavera de Praga
(1968)

La primavera de Praga de 1968 fue un periodo de protestas masivas en Checoslovaquia. En este capítulo, se exploran quince hechos sobre este acontecimiento fundamental de la historia.

921. **La primavera de Praga fue un periodo de liberalización y reforma política en Checoslovaquia** (actualmente República Checa y Eslovaquia) que duró entre enero y agosto de 1968.

922. **Comenzó con las reformas dirigidas por Alexander Dubcek**, líder del Partido Comunista.

923. **Estas reformas incluían más libertad para los ciudadanos** mediante reformas como la relajación de las leyes de censura, la disminución de restricciones para viajar al extranjero y el aumento de libertades económicas.

924. **Miles de personas se reunieron en la plaza de Wenceslao de Praga** (la capital) para mostrar su apoyo a los esfuerzos de Dubcek y exigir reformas al gobierno.

925. **Esto fue visto como una amenaza por la URSS.** Moscú veía al gobierno checoslovaco como su marioneta y no quería reformas liberales.

926. En abril de 1968, **cinco estados comunistas (Bulgaria, Hungría, Polonia, Alemania Oriental y la Unión Soviética) enviaron tropas a Checoslovaquia** para poner fin a lo que consideraban una peligrosa evolución hacia la democracia.

927. **Según algunos informes, alrededor de 650.000 tropas entraron en Checoslovaquia** en respuesta a la multitud congregada en abril de 1968.

928. El 21 de agosto de 1968, **Dubcek anunció un acuerdo que permitía algunas reformas limitadas, pero prohibía la liberalización del régimen.**

929. **Este acuerdo fue conocido como la primavera de Praga**, porque puso fin al periodo de reformas y devolvió el férreo control comunista.

930. En 1969, **Dubcek fue destituido y sustituido por un líder comunista de línea dura que restringió algunas de las reformas, poniendo fin a la primavera de Praga.**

931. **Tras la invasión, las autoridades checoslovacas impulsaron una política de normalización,** que significaba volver al *statu quo* anterior a las protestas.

932. **La primavera de Praga sirvió como inspiración a otros países orientales** y algunas de sus reformas fueron adoptadas por Hungría y Polonia.

933. **En 1989, la Revolución de Terciopelo derrocó pacíficamente al gobierno que había estado en el poder desde 1948,** restaurando definitivamente la democracia en Checoslovaquia.

934. Hasta el día de hoy, **la primavera de Praga sigue siendo un importante momento de libertad y esperanza** para quienes luchan contra regímenes opresores.

935. **Se convirtió en fuente de inspiración para muchos autores checos destacados, como Milan Kundera y Vaclav Havel**, que surgieron como voces influyentes contra la opresión comunista.

Historia de Europa

La caída del muro de Berlín
(1989)

En este capítulo se explora la extraordinaria historia de la caída del muro de Berlín, en 1989. Descubra veinte hechos increíbles sobre la historia del muro de Berlín y por qué fue finalmente destruido.

936. **El muro de Berlín era una barrera física entre Alemania Oriental y Occidental, construida en 1961 para separarlas durante la guerra fría.**

937. Tras el final de la Segunda Guerra Mundial, **Berlín había sido dividida por los Aliados y la Unión Soviética** en Berlín Occidental, democrático, y Berlín Oriental, comunista.

938. **Los berlineses del Este cruzaban regularmente a Berlín Oeste**, donde la vida era mucho más próspera y libre.

939. **Alemania Oriental difundió la idea de que el régimen capitalista democrático era inferior al comunismo.**

940. Después de 1961, **no estaba permitido cruzar a Berlín Occidental sin un permiso oficial**. Los guardias de Alemania Oriental recibieron instrucciones de disparar a cualquiera que intentara cruzar.

941. **Mucha gente siguió intentando cruzar al oeste**, en parte para escapar del régimen comunista y en parte para introducir mercancías de contrabando en el este.

942. **Al menos 140 personas murieron intentando cruzar el muro de Berlín entre 1961 y 1989.** Es posible que la cifra sea mucho mayor.

943. **Los alemanes del este cavaron túneles bajo el muro, se escondieron en vehículos o se disfrazaron de guardias fronterizos para pasar el muro.** Algunos incluso utilizaron globos aerostáticos o tirolesas para cruzar la frontera.

944. **El muro de Berlín permaneció en pie durante veintiocho años.**

945. El 9 de noviembre de 1989, **el gobierno de Alemania Oriental anunció inesperadamente que los ciudadanos podían viajar libremente a occidente**. Multitudes de berlineses orientales se congregaron ante el muro de Berlín y los guardias fronterizos abrieron los puestos de control.

946. **Al difundirse la noticia de la apertura del muro de Berlín, comenzaron a congregarse multitudes a ambos lados,** armadas con martillos, cinceles y otras herramientas para romper la barrera de hormigón. La gente se subió al muro, cantando, bailando y celebrando el fin de la división y la reunificación de Alemania.

947. El 22 de diciembre de 1989, **el canciller de Alemania Occidental, Helmut Kohl, y el primer ministro de Alemania Oriental, Hans Modrow, firmaron un acuerdo** para iniciar el desmantelamiento del muro.

948. **La Puerta de Brandeburgo adquirió renombre como representación de la liberación una vez reunificada Alemania**; este hito histórico había estado restringido al acceso público por las tropas de Alemania Oriental desde 1961.

949. **En junio de 1990, tras meses de negociaciones entre Alemania Oriental y Occidental**, Alemania se reunificó oficialmente en una sola nación.

950. **La reunificación se conmemora el 3 de octubre de cada año**, con celebraciones en toda Alemania, incluyendo fuegos artificiales sobre el antiguo muro de Berlín en la *Potsdamer Platz*.

951. **Algunas partes del muro de Berlín siguen en pie hoy en día**, como monumento conmemorativo y popular destino turístico.

952. **Los grafitis pintados a ambos lados por los manifestantes se han convertido en parte de la experiencia del museo al aire libre.**

953. **En 1963, el presidente estadounidense John F. Kennedy visitó Berlín Occidental y pronunció su famoso discurso «*Ich bin ein Berliner*»,** en el que se refirió a la injusticia vivida por los habitantes de Berlín y criticó a la URSS y a sus satélites comunistas por erigir una barrera física en la ciudad.

954. **En el trigésimo aniversario de la caída, se erigió una instalación luminosa en el antiguo emplazamiento del muro de Berlín para conmemorar su historia.**

955. **Aunque la reunificación de Alemania fue en gran medida pacífica**, ambas partes tardaron mucho tiempo en adaptarse económica y políticamente.

Historia de Europa

Las guerras yugoslavas
(1991-2001)

Explore los devastadores conflictos de las guerras yugoslavas. En este capítulo, se exploran quince datos interesantes sobre este tumultuoso periodo de la historia, incluyendo cuántas personas perdieron la vida y cuántas se vieron obligadas a huir.

956. **Las guerras yugoslavas fueron una serie de guerras que ocurrieron entre 1991 y 2001 en la zona conocida como Yugoslavia**, que ahora está formada por varios países, como Croacia, Serbia y Bosnia Herzegovina, entre otros.

957. **Los grupos étnicos que formaban el estado de Yugoslavia declararon su independencia en 1991** y sus movimientos revolucionarios se convirtieron en conflictos totales.

958. **Las guerras se debieron principalmente a razones políticas estimuladas por conflictos étnicos históricos** entre los diferentes pueblos que vivían en la región y que tenían sus propias lenguas y religiones.

959. **Entre 140.000 y 250.000 personas murieron durante las guerras** a causa de los combates o por causas relacionadas como el hambre y las enfermedades.

960. **Millones de personas se vieron obligadas a abandonar sus hogares** debido a la violencia o al temor por su seguridad.

961. **La guerra entre Serbia y Croacia, que duró de 1991 a 1995,** fue especialmente mortífera y causó hasta treinta mil víctimas.

962. **Bosnia Herzegovina sufrió una terrible guerra civil** que tuvo lugar entre 1992 y 1995.

963. **La OTAN** (Organización del Tratado del Atlántico Norte) **se involucró impulsando ataques aéreos contra las fuerzas serbias** y aportando tropas de tierra para misiones de mantenimiento de la paz durante las guerras.

964. **El Tribunal Penal Internacional para la ex Yugoslavia (TPIY) se creó en 1993** para hacer justicia a quienes cometieron graves violaciones del derecho internacional humanitario durante estas guerras.

965. **Para ayudar a las personas afectadas por el conflicto, varias agencias de la ONU y ONG** (organizaciones no gubernamentales) **proporcionaron atención médica, ayuda alimentaria y otras formas de asistencia**.

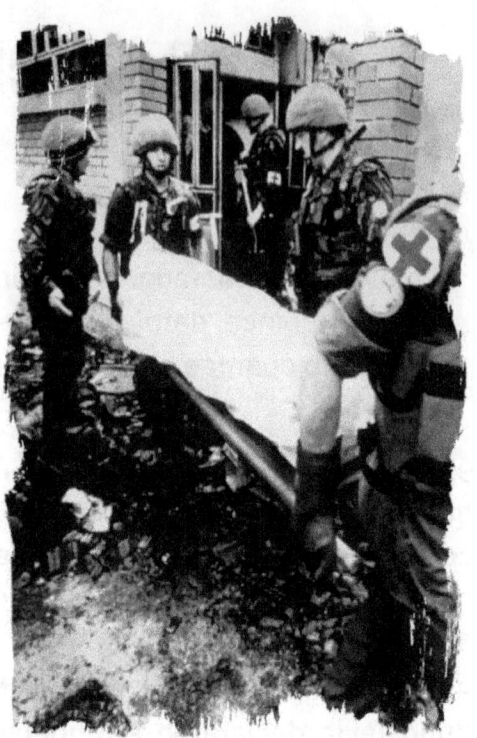

966. **Las guerras tuvieron un enorme impacto en la economía de Yugoslavia**, que perdió más de 100.000 millones de dólares durante este periodo.

967. **Muchos monumentos culturales fueron destruidos o dañados durante las guerras yugoslavas. Entre ellos, la ciudad de Dubrovnik**, que sufrió graves daños durante el asedio del Ejército Popular Yugoslavo, entre octubre de 1991 y mayo de 1992.

968. El uso de la propaganda era habitual. **Los periódicos se utilizaban para difundir información falsa sobre los grupos opuestos** y los líderes trataron de influir en la opinión pública a través de discursos o entrevistas concedidas a los medios de comunicación.

969. **Algunos países de Europa cerraron sus fronteras, mientras que otros**, como Suecia, ofrecieron asilo a quienes huían de las zonas de guerra.

670. **Las guerras yugoslavas fueron el conflicto más sangriento en Europa desde el final de la Segunda Guerra Mundial, en 1945**, y estuvieron marcadas por numerosos crímenes de guerra y contra la humanidad, lo que le valió su infame reputación.

La Unión Europea
(1951-actualidad)

Durante décadas, la Unión Europea ha sido una fuerza impulsora de la paz y el progreso en Europa. Desde su fundación, ha crecido hasta convertirse en una de las mayores economías actuales. Este capítulo explora treinta y cinco hechos fascinantes sobre la UE.

971. **La Unión Europea es una unión política y económica multinacional de estados europeos**, surgida a lo largo de la segunda mitad del siglo XX.

972. **Bélgica, Francia, Italia, Luxemburgo, Países Bajos y Alemania Occidental fueron los seis países originales que iniciaron el proceso de integración europea** con la creación de la Comunidad Europea del Carbón y del Acero, en 1951.

973. **En las décadas siguientes, estos países decidieron ampliar sus lazos económicos y políticos,** creando más instituciones compartidas que beneficiaron la práctica del Estado de derecho y el desarrollo de democracias.

974. **Los países europeos decidieron entonces unirse en una gran entidad política supranacional para perseguir los mismos objetivos**. Adoptaron el nombre de «Unión Europea» en la década de 1990.

975. **La organización se expandió lentamente y el Reino Unido, Irlanda y Dinamarca se unieron en 1973 a la Comunidad Económica Europea (CEE),** organización que se transformó en la Unión Europea en la década de 1990.

976. **El número de Estados miembros ascendió a quince antes de finales del siglo XX.**

977. En la actualidad, **la UE está compuesta por veintisiete estados miembros.** Es probable que el número de estados-nación siga aumentando en los próximos años.

978. **Cada país miembro tiene su propio gobierno,** pero trabajan juntos para tomar decisiones que beneficien a todos los miembros.

979. **El inglés, el francés y el alemán son los idiomas más utilizados en las reuniones de la UE**, aunque también se utilizan otras lenguas, dependiendo del país que las acoja.

980. **La sede de la UE está en Bruselas, Bélgica.** Allí se encuentran la mayoría de los edificios y oficinas, incluido el edificio del Parlamento, en el barrio europeo de Bruselas.

981. Desde su creación, **la UE ha desarrollado un sistema de libre circulación de bienes, servicios, mano de obra y capitales.**

982. **Viajar y hacer negocios entre los Estados miembros de la UE es muy fácil**, aunque existen algunas restricciones.

983. **La UE tiene un mercado común y la mayoría de sus países miembros utilizan la misma moneda, el euro**, que se introdujo a principios del siglo XXI.

984. En 2004, **diez nuevos países ingresaron a la UE: República Checa, Estonia, Hungría, Letonia, Lituania, Malta, Polonia, Chipre, Eslovenia y Eslovaquia.**

985. **Bulgaria y Rumania ingresaron en la UE en 2007.**

986. **En 2009, Croacia se convirtió en el vigésimo octavo país en adherirse a la UE**, abriendo nuevas oportunidades para el comercio entre sus economías vecinas.

987. **En 2016, los ciudadanos británicos votaron un referéndum a favor de abandonar la Unión Europea.** Esta decisión fue bautizada como «Brexit».

988. **La UE interviene en casi todos los aspectos de la vida en Europa**, como el comercio, los viajes, el turismo, el medio ambiente y la justicia.

989. **Ayuda a proteger los derechos de las personas, como la libertad de expresión y el derecho a la intimidad,** introduciendo leyes y políticas que se aplican a todos los estados miembros.

Historia de Europa

990. **La UE no interfiere en las decisiones nacionales que toman sus Estados miembros, sino** que dicta la dirección general de la política interior y exterior y facilita a las relaciones económicas.

991. **La Unión Europea proporciona ayuda financiera a los estados miembros que tienen dificultades económicas** o necesitan ayuda para proyectos de desarrollo como la construcción de carreteras o escuelas.

992. **Este dinero procede de los impuestos pagados por los ciudadanos de cada país**, que luego se redistribuyen entre los demás miembros cuando es necesario.

993. **Desde 1985, el 9 de mayo** de cada año **se celebra oficialmente el «Día de Europa».** Esta fecha se eligió porque marca el aniversario de cuando Robert Schuman, un político francés, propuso la idea de una Europa unida en 1950.

994. **La UE participa en muchos asuntos exteriores y mantiene relaciones internacionales con otros países del mundo, como China y Estados Unidos.** La UE ayuda a negociar acuerdos de paz entre estados en conflicto y proporciona ayuda cuando es necesario.

995. **También tiene su propio himno, llamado «*Himno a la Alegría*», de Ludwig van Beethoven,** que fue adoptado por los estados miembros en 1985.

996. **Cada cinco años se celebran elecciones nacionales para elegir a los diputados al Parlamento Europeo** (PE). Los eurodiputados representan a cada país dentro de la UE en asuntos que afectan a todos, como el cambio climático o la reforma de la política de seguridad.

997. **La UE es una de las mayores economías del mundo, con un PIB** (producto interno bruto) **de más de 20 billones de dólares en 2019.**

998. **Tiene su propio tribunal de justicia, llamado Tribunal de Justicia de la Unión Europea,** que se ocupa de las disputas legales entre los estados miembros o los individuos dentro de Europa.

999. **El espacio Schengen es una zona de países europeos que han suprimido los pasaportes y otros tipos de control fronterizo en sus fronteras mutuas.** El Acuerdo de Schengen, firmado en 1985, se ha incorporado a la legislación de la UE.

1000. **La UE se ha enfrentado a numerosos retos nacionales e internacionales, como la crisis migratoria de la década de 2010,** cuando tuvo que hacer frente a la afluencia de un número excepcionalmente elevado de inmigrantes procedentes de **Oriente Próximo**.

Conclusión

Este libro exploró la historia de Europa desde el Paleolítico Superior hasta nuestros días. Es asombroso pensar en los grandes saltos que ha dado la civilización europea en los últimos cuarenta mil años.

Se analizó la transición de las sociedades de cazadores-recolectores a las primeras **civilizaciones del Mediterráneo,** la aparición de los imperios y el desarrollo de complejos sistemas políticos, económicos y sociales. Se examinó cómo **la Revolución Industrial y las dos Guerras Mundiales remodelaron Europa y cómo la Guerra Fría dividió el continente durante décadas**. También se vio la formación de **la Unión Europea** y el impacto que tiene en **la política, la economía y la cultura europea**. Por último, se trataron acontecimientos más recientes, como **las guerras de Yugoslavia** y la creación de la UE.

Este libro proporciona una visión general de muchos de los acontecimientos más importantes de la historia europea y muestra cómo estos momentos configuraron el continente tal y como lo conocemos hoy en día. Está claro que **la historia europea es un relato complejo, fascinante y en constante evolución**, y solo se puede esperar que el futuro de Europa depare muchas más historias apasionantes por contar.

Mira otro libro de la serie

Fuentes y referencias adicionales

«Paleolítico Superior». Britannica, Enciclopedia Británica, Sept. 2020, www.britannica.com/topic/Upper-Paleolithic-period.

«Revolución Neolítica». Enciclopedia Británica, julio de 2020, http://www.britannica.com/event/Neolithic-Revolution.

Hingley, Richard. La Edad de Bronce: Una historia social y económica. Routledge, 2012.

Cunliffe, Barry. The Ancient Celts. Oxford University Press, 1997.

Cunliffe, Barry W., y Chris Gosden. Historia ilustrada de Oxford de la Prehistoria europea. Oxford University Press, 2001.

Wright, Rachel. «Arte minoico y micénico». Khan Academy, Khan Academy, www.khanacademy.org/humanities/ancient-art-civilizations/aegean/minoan-mycenaean/a/minoan-and-mycenaean-art.

Rosen, Marc. La Edad de Hierro: Repaso general. Facts on File, 2006.

Roberts, J.M. Historia del mundo. Oxford University Press, 1993.

«República romana». Encyclopedia Britannica, marzo de 2018, www.britannica.com/topic/Roman-Republic.

«Guerras greco persas». Encyclopedia Britannica, sept. 2018, https://www.britannica.com/event/Greco-Persian-Wars.

Boak, Arthur E. R. Historia de Roma hasta el 565 a. C. Macmillan, 1923.

«Período migratorio». Ancient History Encyclopedia, Enciclopedia de Historia Antigua, ago. 2018, www.ancient.eu/migration_period/.

«El Imperio bizantino». History.com. A&E Television Networks, abr. 2021.

«La Alta Edad Media». Encyclopedia Britannica, mayo de 2017, www.britannica.com/event/Early-Middle-Ages.

Jensen, Jens Christian. «Vikingos». Encyclopedia Britannica, mayo de 2019, www.britannica.com/topic/Viking.

«Vikingos». History.com, A&E Television Networks, https://www.history.com/topics/vikings.

«Carlomagno». Encyclopedia Britannica, marzo de 2020, https://www.britannica.com/biography/Charlemagne.

Hunt, E.D., y Mary Rivier. Europa medieval: Una breve historia. McGraw-Hill Education, 2014.

«El arte en el Renacimiento». Khan Academy. 15 de abril de 2021. https://www.khanacademy.org/humanities/renaissance-reformation/renaissance-europe/a/renaissance-art.

Kort, Michael. La era de las exploraciones: Descubriendo el Nuevo Mundo. Rosen, 2013.

«La Revolución Científica», Enciclopedia Británica https://www.britannica.com/event/Scientific-Revolution.

«La guerra de los Treinta Años». History.com, A&E Television Networks, agosto de 2017, www.history.com/topics/thirty-years-war.

McPhee, Peter. La Revolución francesa. Routledge, 2017.

«Napoleón Bonaparte». Encyclopedia Britannica, mar. 2021, www.britannica.com/biography/Napoleon-Bonaparte

Smith, David. «Revolución Industrial». Encyclopedia Britannica, feb. 2020, www.britannica.com/event/Industrial-Revolution.

«Revolución Industrial». History.com, A&E Television Networks, 2009, www.history.com/topics/industrial-revolution.

«Guerras napoleónicas». Encyclopedia Britannica, 2020, https://www.britannica.com/event/Napoleonic-Wars.

«Guerra de Independencia de Grecia». Encyclopedia Britannica, octubre de 2018, www.britannica.com/event/Greek-War-of-Independence.

«La guerra de Crimea». History, A&E Television Networks, 2020, www.history.com/topics/crimean-war.

«La unificación alemana». History.com, A&E Television Networks, 2021, www.history.com/topics/german-unification.

«Revoluciones de 1848». Encyclopedia Britannica, febrero de 2021, https://www.britannica.com/event/1848-Revolutions.

«La lucha por África». History.com, A&E Television Networks, https://www.history.com/topics/africa/scramble-for-africa.

«Primera Guerra Mundial». History.com, A&E Television Networks, www.history.com/topics/world-war-i/world-war-i-history.

«Damnificados y estadísticas de la I Guerra Mundial». History Learning Site, www.historylearningsite.co.uk/world-war-one/world-war-one-casualties-statistics/.

«Unión Soviética». Encyclopedia Britannica, junio de 2021, www.britannica.com/place/Soviet-Union.

«Breve historia de la Revolución rusa». History.com, A&E Television Networks, agosto de 2016, www.history.com/topics/russia/russian-revolution.

«Segunda Guerra Mundial». History.com, A&E Television Networks, https://www.history.com/topics/world-war-ii.

«El Holocausto». Museo Conmemorativo del Holocausto de Estados Unidos, https://www.ushmm.org/learn/timeline-of-events/the-holocaust.

«La Guerra Fría». History, A&E Television Networks, www.history.com/topics/cold-war.

«La Segunda Guerra Mundial y la descolonización». The History Channel, A&E Television Networks, LLC, https://www.history.com/topics/world-war-ii/wwii-and-decolonization.

«Historia de la Unión Europea». Europa, Comisión Europea, https://europa.eu/european-union/about-eu/history_en.

«La primavera de Praga». Britannica, The Editors of Encyclopedia Britannica, www.britannica.com/event/Prague-Spring.

«Guerras yugoslavas». Britannica, The Editors of Encyclopedia Britannica, enero de 2020, www.britannica.com/event/Yugoslav-wars.